國立清華大學區塊鏈法律與政策研究中心合作
科技法學探索系列03 范建得教授主編

# 自比特幣技術的特徵
# 論**虛擬貨幣**的**法律特性**
## 及其相關議題

## Legal characteristic of crypto assets and related issues
## — from the deconstruction of Bitcoin in vernacular classification

沒有資訊(工)背景能力也能讀懂的區塊鏈專書

面對虛擬貨幣所應該認識的法律風險

弄懂智能合約準備迎接去中心化金融

陳丁章

范建得 ——— 著

黎昱萱

# 謝　辭

　　本書的出版目的是希望讓技術開發人員、新創投資者以及法律工作從事者間，能有彼此對話的基礎，所以，技術與市場的觀點不可或缺。寫作期間，承蒙國立清華大學區塊鏈法律與政策研究中心執行秘書黎昱萱、新加坡 Flowchain Foundation Limited 及其創辦人同時也是 IEEE Reviewer 的陳俊宏（Jollen Chen）、區塊鏈主流媒體動區動驅 BlockTempo 的共同創辦人陳為國（Wego Chen）與林宇定（Mike Lin）、數字科技股份有限公司總經理吳聰賢、副總經理謝官翰等協助指正，並提供各種交流資源、議題及意見，謹此致謝。

陳丁章

2021 年 3 月

# 作 者 簡 介

陳　丁　章

承展智權暨商務法律事務所　主持律師

聯絡電話: 02-23697828

聯絡地址:台北市羅斯福路三段 28 號 5 樓

Email: ccw.law@gmail.com

**學歷**

　　國立臺灣科技大學應用科技（工程技術）研究所工學博士

　　國立政治大學法學碩士（商事法與經濟法組）

　　東吳大學法學士

**現職**

　　承展智權暨商務法律事務所　主持律師

　　新加坡 Flowchain Foundation Limited，General Counsel

**經歷**

　　經濟部產業升級創新平台計畫專案辦公室顧問、經濟部數位內容產業發展補
　　助計畫執行專案辦公室顧問、經濟部智慧城鄉生活應用計畫專案辦公室顧問、
　　經濟部標準檢驗局「標準法暨度量衡法修法研議小組」委員

**著作**

　　我國碳交易機制與國際接軌的可行性評估，《臺灣科技法律與政策論叢》第
　　九卷第二期（2013）

國際上「自由貿易協定」（FTA）對於 IPR 的規範趨勢之影響（中華經濟研
　　究院 WTO 中心，約聘研究員／計畫顧問，2013）
智財銀行所涉競爭法及專利濫用相關議題之研究，《臺灣科技法律與政策論
　　叢》第八卷第一期（2011）
面對專利戰爭的新思維（合著，新學林出版，2006）
論我國法制下之專利強制授權制度（合著，資策會科法中心「資訊法務透析」，
　　2005）
Legal issue on DLT assets and blockchain Tech: IoT solution service provider
　　should know（Flowchain Foundation，2018）
Responding to NAMAs and Preparing for INDCs/NDCs: the Role of Emissions
　　Trading in Greenhouse Gas Reduction for Taiwan's Electricity Sector
　　（International Journal of Climate Change Strategies and Management.
　　scheduled for publication in 2017 volume 9，issue 1）
Review of the Recent Developments of Energy Legal Framework in Taiwan－with
　　the Focus on New Energy Policies & Legislations（5th International Scientific
　　Conference on Energy and Climate Change，KEPA，NKUA，GREEC，2012）

# 作 者 簡 介

范 建 得

國立清華大學科技法律研究所 教授

個人網站: http://fanct.gapp.nthu.edu.tw

Email: ctfan@mx.nthu.edu.tw

**學歷**
> 美國普傑桑大學法律博士

**教職**
> 現為國立清華大學科技法律研究所教授
> 兼任國立清華大學研發處研究倫理辦公室主任
> 主持國立清華大學生物倫理與法律中心、國立清華大學區塊鏈法律與政策
> 研究中心

**學術領域**
> 公平交易法、經濟法、智慧財產權法、區塊鏈法律與政策、生物科技法、
> 能源及自然資源法、研究倫理等

**相關著作**
> **專書**
> 《公平交易法：獨占、結合、聯合之管制》
> 《公平交易法：不公平競爭》
> 《公平交易法：不實廣告》
> 《公平交易法 Q&A：範例 100》

**專題報告**

范建得、黎昱萱，區塊鏈導入於能源業之應用場域，區塊鏈＋時代的社經
　　變革與創新思維，財團法人中技社，2019.08。

范建得、黎昱萱，區塊鏈對法規制度之影響，區塊鏈＋時代的社經變革與
　　創新思維，財團法人中技社，2019.08。

范建得、黎昱萱，談證券型代幣發行（Security Token Offering，STO）之金
　　融監管規範：兼評金管會 108 年 4 月 12 日之公聽會內容，全球早期資
　　金趨勢觀測月報，2019.04。

**相關經歷**

　　自 1990 年起參與台灣公平交易委員會之籌備及公平交易法的施行，專精
於競爭法與經濟法領域；之後，持續在商事法、經濟法、智財權法及科技法律
領域中從事研究與發表。迨至應聘清華大學，其主要學術研究則以科技法律為
重，包括資訊通訊法、環境能源法及生物科技法、研究倫理等，近期因應新興
科技的發展，致力於區塊鏈法律議題與政策之研究，擔任區塊鏈法律與政策研
究中心主任，並獲邀至產官學研部門進行區塊鏈應用及其衍生之法律議題演講
與諮詢。此外，亦受眾多政府部門委託執行各項專案計畫，並協助政府部門處
理新興科技法律或政策相關議題，以及產業政策和法律事務的審查工作。

# 作 者 簡 介

黎 昱 萱

國立清華大學科技法律研究所 博士生

**Email: yuhsuanli@gapp.nthu.edu.tw**

**學歷**

　　國立清華大學科技法律研究所 博士生
　　國立清華大學科技法律研究所 法學碩士
　　國立中正大學法律系 法學士

**現職**

　　清華大學區塊鏈法律與政策研究中心 執行秘書

**經歷**

　　清華大學生物倫理與法律中心 專案管理師

**研究領域**

　　區塊鏈法律與政策、智慧財產權法

**相關著作**

　　<u>專題報告</u>

　　范建得、黎昱萱，區塊鏈導入於能源業之應用場域，區塊鏈＋時代的社經
　　　　變革與創新思維，財團法人中技社，2019.08。

　　范建得、黎昱萱，區塊鏈對法規制度之影響，區塊鏈＋時代的社經變革與
　　　　創新思維，財團法人中技社，2019.08。

范建得、黎昱萱，談證券型代幣發行（Security Token Offering，STO）之金
　　融監管規範：兼評金管會 108 年 4 月 12 日之公聽會內容，全球早期資
　　金趨勢觀測月報，2019.04。

**碩士論文**

以智慧財產管理應用兩岸高科技合作之實證研究－以太陽光電技術為例－

# 序 言 一

比特幣（bitcoin）的出現除了帶來區塊鏈技術的發展，同時，也使得加密資產（crypto assets，也就是虛擬貨幣）的相關法律議題受到關注。

虛擬貨幣產業的新創與發展，不能總是只有工程思維；相同的，政策與法律的訂定與執行，也不應欠缺技術內涵的認識。

為期待能夠在技術與法律間建構較易理解的脈絡連結，本書將以更容易理解的方式，先介紹區塊鏈技術源起（比特幣系統）以及發展（以太坊的智能合約與 Hyperledger Fabric）；再說明虛擬貨幣的分類、用途、屬性；最後提出較為適切的法律監理思維。同時，並於附論當中就發展中的去中心化金融（Decentralized Finance，DeFi）概念為簡介。

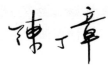

2021 年 3 月

# 序 言 二

隨著疫病流行對全球金融及投資體系帶來的衝擊，比特幣（bitcoin）的功能及其在資本市場上的應用，受到全球矚目之程度更甚以往。

是的，比特幣帶動去中心化、自動化金融體系的發展，以及新進牽動各國數位貨幣之發行，已然衝擊著傳統金融也帶來更多法律與監管層面的探討。

本人擔綱編著的科技法律探索叢書，係以新興科技所衍伸的法律爭議作為主要探討核心。近年來因比特幣引發區塊鏈技術的多元探討，促成清華大學區塊鏈法律與政策研究中心的設立，其中對於金融應用的法律屬性、監管以及交易等層面之議題均已有所涵蓋。有鑑於此，特於科技法律探索叢書中納入區塊鏈系列專書，並以陳丁章博士這本書作為起頭，後續亦將邀請更多專家合作，針對區塊鏈於各類應用所引發的爭議進行研究並出版成冊，以期對於此類新興科技所衍伸的法律爭議有多認識與微薄貢獻。

清華大學區塊鏈法律與政策研究中心 主任

2021 年 3 月

# 目 錄

# 前 言

自區塊鏈的技術發展以來,加密資產,也就是虛擬貨幣的議題始終受到關注。從比特幣系統平台上的單純礦工獎勵開始,隨著圖靈完整性(Turing-completeness)而可以執行智能合約的以太坊出現,虛擬貨幣的應用越顯多端。

隨著加密資產(虛擬貨幣)的多元應用,原本是生態圈的自理課題,逐漸與現實世界產生連結,於是,產生諸多爭議,也逐漸開始有人討論應否監理、如何監理的問題。

但面對虛擬貨幣世界,行政的監理要如何做,才不至於妨礙創新?法律的規範要如何執行,才能做到毋枉毋縱?都是應該被正視、討論的問題。畢竟虛擬貨幣具有高技術成分在內,如果不能有基礎的技術認識,要思索監理模式實屬不易。

同樣的,虛擬貨幣產業的新創與發展,不能總是只有工程思維,新創者面對政策法律的規制,也不能過於陌生而誤踩紅線。

本文試圖從貨幣的概念開始,談到區塊鏈技術源起的比特幣系統,再談到以太坊的智能合約與分散式應用程式的概念,以便進一步介紹虛擬貨幣的分類與用途,再據之認定其屬性,最終依屬性不同,進而討論監理與法律適用課題,以期能夠在技術與法律間建構較易理解的脈絡連結。

# 第一章　交易、貨幣與支付

## 1.1 交易與貨幣

　　亞當斯密（Adam Smith）認為，因為人的個別才能不同，於是社會必須分工；每個人的需求，如果是透過分工下所產出的剩餘產品（surplus product）來交換，則會比每個人都凡事躬親、試圖自給自足來說，更能產生效率。[1]上述所謂「剩餘產品（surplus product）之交換」也就是交易（transaction），而交易（transaction）的原始情狀，就是所謂的以物易物（barter）。但以物易物之前提，則必須是在「當下」雙方存在有「相互吻合」的相互需求關係，否則無從發生。所以，這時候作為交易媒介的貨幣，就有其存在的必要。

　　舉例來說，當生產白米而且自用有餘（剩餘產品：米）的某甲需要鹽，而家有鹽田的某乙除了自給自足以外手中還有多餘的鹽（剩餘產品：鹽），這當下，除非是某乙正需要白米，而願意和甲以物易物，不然，某甲只能想辦法自己生產。不過，這時候如果出現一個甲乙都可以接受的交易媒介，情境就會不一樣。假設，甲乙都可以接受貝殼作為交易媒介，而且甲的手中就有貝殼，則在上述情境中，甲可以用貝殼和乙交換鹽，而因此取得貝殼的乙，則可以等到哪天需要白米的時候，再用貝殼和甲交換白米。也就是，只要媒介存在，則某甲的「鹽需求」，不一定要該某乙的「米需求」同時存在才能交易。這裡所說的貝殼，其實就是貨幣。貨幣可以說是交易系統裡所有參與者都接受的媒介，

---

[1] *See* Smith, A., AN INQUIRY INTO THE NATURE AND CAUSES OF THE WEALTH OF NATIONS (5th ed. 1789)

　　而且因為它的存在意義與供需的時間差大有關係，所以它要能夠被接受，也通常必須要有「穩定的」交換能力，用來日後也能「換得」價值相當的東西（財貨）。那，什麼是價值？

　　亞當斯密認為，所謂財貨的經濟價值，是以使用價值（value in use）與交換價值（value in exchange）二個面向來呈現。前者，指的是物的效用，是一種滿足持有者慾望的度衡標準；後者，則是指以前者為前提，而可以換得其他財貨的能力。財貨的經濟價值，是抽象的，具體來說，可以用貨幣來表示，就是「價格」，也就是一定財貨的單位量可以交換的貨幣額。

　　因此，從財貨經濟價值的度衡、作為交易媒介所需的基礎來看，就不難理解貨幣必須具有價值衡量（尺度、計算單位）與流通的功能，亞當斯密的貨幣論，也因此特別著眼於上述的媒介、流通功能之上（當然，他也討論貨幣的儲值功能，但基本上仍著重於關於流通的論述）。至於上述提及，貨幣通常必須要有「穩定的」交換能力，指的就是常聽到的價值存儲的功能，更具體的說貨幣穩定地「存」著未來的「購買力」、「交換能力」。說到這裡，應該就不難理解我們常常聽到的貨幣三（或四）大功能：價值標準、交易媒介、價值儲藏（即延期支付）。

　　循上理解可知，為了完成交易（transaction），[2]所以出現了貨幣作為交易媒介，以便用來完成支付（payments）；所以，當作為媒介的工具，也就是貨幣，出現了多元的發展，從實體的商品貨幣（commodity money，例如貝殼、珍珠等）、硬幣（金、銀、銅等）、紙幣（金、銀本位，可兌換金或銀的紙幣）到法定貨幣（fiat money，強制貨幣或命令貨幣，不可兌換金或銀的紙幣），[3]法定

---

[2] 這裡所說的交易，是指財貨流通的交易而言。本文後續在介紹區塊鏈技術時所提到的「交易」，則是更廣的概念，指的是網路上所有資訊指令的下達、處理、反饋的過程與結果。

[3] 政府發行的紙幣與硬幣則合稱「通貨」（currency）或「現金」（cash），也就是通貨的概念範圍大於「法定貨幣」（不可兌換的紙幣）；又，所謂法償貨幣（Legal Tender Money）指的是「法定（國家賦予的）支付能力」的意思，與「法定貨幣」是不同層次下的概念。「法定貨幣」（不可兌換紙幣）通常具有「無限法償」地位，是因為由國家賦予它支付能力，也就是持有人用來支付時，對方不能拒絕接受的意思（我國中央銀行法第 13 條規定「中華民國貨幣，由本行發行之。本行發行之貨幣為國幣，對於中華民國境內之一切支付，具有法償效力。」）；有些國家制度下，硬幣只具有「有限法償」

貨幣又發展出包括實體現金與電子形式的存款貨幣（銀行在中央銀行的存款，也就是所謂中央銀行貨幣，以及在商業銀行的支票存款、活期存款等商業銀行貨幣屬之）、電子貨幣（E-money）等，則支付的模式也會跟著改變。

# 1.2 支付、支付模式、支付工具

在以物易物的交易型態中，因為存在「相互吻合」的供需關係（「我的『供』是你的『需』，你的『供』也是我的『需』」），供需之間不需要媒介，所以，在交易過程中，「支付」的概念並沒有受到太多的討論，因為，這種情境其實是物物交換，沒有討論支付、支付工具之必要，甚至根本沒有支付系統。

不過，因為「相互吻合」的供需關係可能不存在，或至少不見得是在當下存在，所以，就會有以貨幣作為交易媒介的必要。簡單來說，當 A 財貨的供給方某甲，對於 B 財貨有需求時，他當然可以找個對於 A 財貨有需求，又剛好可以（願意）提供 B 財貨（給某甲）的某乙，來進行以物易物的交易；但，當貨幣存在時，某乙就不需要真的提供 B 財貨給甲來換取 A 財貨，此時，某乙可以對某甲交付貨幣，由某甲交付 A 財貨給某乙，而某甲在取得貨幣後，日後如果對於 B 財貨有需求，就可以另外再對提供 B 財貨的任何人交付貨幣，進而取得 B 財貨而滿足其對於 B 財貨的需求。這當中，作為交易「媒介」的就是貨幣。簡單地說，透過一段一段、不時發生的貨幣交付的行為，達到整個體系參與者互通有無的目的。貨幣的交付（流動）過程就是所謂的支付（pay），貨幣則是支付工具，一種最初始樣貌的支付工具。

支付的模式（payments），也就是貨幣交付（流動）的模式，可以區分為實體貨幣支付模式與電子支付模式（electronic payments／digital payments）二大範

---

地位，超過支付上限的部分，對方可以拒絕受領。

疇。實體貨幣支付就是以貨幣直接交付（流動）；電子支付則是貨幣流動過程中看不到實體，而是透過記帳、清算，達到與實體交付一般的貨幣交付（流動）效果。但必須強調的是，就算是電子支付，最終的記帳清算機制都還是回到貨幣基礎上。

實體貨幣（money）支付模式最為單純，交易雙方銀貨兩訖，只需要單純地交付最初始樣貌的支付工具，也就是貨幣即可，並不存在（不需要）支付系統（「系統」，指的則是一組數個相互有關聯的部分所構成的整體）。但，隨著社會商業發展，以實體貨幣支付模式（也就是交付實體貨幣），在現實生活上已越來越不可能或至少越不便利，於是，電子支付模式興起。

嚴格來說，電子支付（electronic payments／digital payments）模式，也不是新的概念。所謂的「電子支付」模式（情境）是由二個概念所構成，一個是支付工具，一個是支付系統。電子支付模式中的支付工具，包括電子貨幣（E-money，其中，卡片形式者，例如：悠遊卡；網路形式者，則例如：第三方支付儲值帳戶。如果說把實體貨幣稱為最初樣貌的支付工具，則電子貨幣可以說是實體貨幣衍生樣貌的支付工具）以及支票、信用卡、簽帳卡、金融卡等；電子支付模式中的支付系統（electronic payments system）則是指以電子方式處理金融機構間或民間資金移轉交易之系統（「系統」，指的就是一組數個相互有關聯的部分所構成的整體），包括安全辨識與驗證等機制，以及最重要的記帳清算機制。在電子支付模式中，我們看不到實體貨幣，而是透過支付系統的運作，不斷地就各筆交易記帳、清算，但最後仍是回到貨幣基礎上而為帳本登載。

**表 1 支付模式的分類[4]**

| 支付模式（payments） | | | | | |
|---|---|---|---|---|---|
| 實體貨幣支付模式 | | 電子支付模式 | | | |
| 支付系統 | 支付工具 | 支付系統 | 支付工具 | | |
| 不存在、不需要 | 實體貨幣（money） | 以電子方式處理金融機構間或民間資金移轉交易之系統 | 電子貨幣（E-money／存儲實體貨幣）1.卡片形式，例如：悠遊卡、提轉帳金融卡；2.網路形式，例如：第三方支付儲值帳戶 | 支票 | 信用卡（credit card）、簽帳卡（debit card）等 |

## 1.3 記帳清算機制

### 1.3.1 概念

　　記帳清算機制本身，必須是一個可受交易各方所信賴的機制，可以說是電子支付（模式）之所以可行的關鍵。

　　傳統上，就是由金融機構，尤其是銀行，來扮演記帳清算機制的中心。在電子支付模式中，不管支付工具是甚麼，最終均須透過存放中央銀行存款的中央銀行貨幣（central bank money）與存放商業銀行存款的商業銀行貨幣

---

[4] 本研究自行整理

（commercial bank money）來作為電子支付系統之清算資產（清算資產指系統
參加者存放在清算機構的款項，藉由參加者間款項的移轉，跨行收付得以完成。
以中央銀行為清算機構並存放在中央銀行之款項為「中央銀行貨幣」；存放在
商業銀行者為「商業銀行貨幣」）。

　　具體來說，舉凡現實生活中天天發生的，包括經由商業銀行貨幣完成交易
清算的小額支付情境（retail payment／small-value payment），[5]以及經由中央銀
行貨幣（銀行在中央銀行的存款）完成最終交易清算的大額交易（wholesale
payment／large-value payment；）等[6]支付模式，都是透過一個中心化的系統來
運行清算，包括：中央銀行同業資金調撥清算作業系統（簡稱央行同資系統）、
財金公司系統（跨行通匯、ATM 提款轉帳、全國繳稅繳費及金融卡消費扣款等
系統）、電子票證或電子支付機構清算系統等。

## 1.3.2 記帳清算機制的去中心化可行性

　　如上所述，記帳清算機制本身，必須是一個可受交易各方所信賴的機制，
但隨科技發展，所謂「可受交易各方所信賴的機制」是否必然只有中心化的機
制（傳統上，就是以金融機構，尤其是銀行為中心）可以實現？一旦去中心化
後，是不是就不可能作到信賴（trusted）基礎？並非無疑。

　　於是，在這樣的思考背景下，中本聰在 2008 年發表了名為「Bitcoin: A Peer-
to-Peer Electronic Cash System」的解決方案（a solution）。[7]細讀中本聰 2008 年
的 Bitcoin: A Peer-to-Peer Electronic Cash System 一文，不難發現，與其說是他
或他們「發行」了「比特幣」或意在「發行」「比特幣」，不如說，他或他們
其實只是在說明某種技術（區塊鏈）、生態（系統），能夠不需透過所謂「足

---

[5] 例如：（1）個人以實體現金匯款至他人帳戶、（2）個人透過銀行帳戶進行轉帳（給他人）、（3）以
　　信用卡、金融卡及銀聯卡做消費扣款、（4）以電子貨幣（E-money。卡片形式 例如：悠遊卡/網路形
　　式 例如：第三方支付儲值帳戶）消費等

[6] 透過銀行同業、銀行與中央銀行間的電子資金移轉系統（Electronic Funds Transfer System, EFTS）進行

[7] *See* Satoshi Nakamoto, *Bitcoin: A Peer-to-Peer Electronic Cash System (2009)*, https://bitcoin.org/bitcoin.pdf

以信賴的第三方」（trusted third party），而依然能夠處理、避免重複花用（double-spending，也就是一筆貨幣，可能因為欠缺可信賴的第三方而被花用兩次）的問題「而已」。

　　不過，這個「而已」，卻不止只是個「而已」！循著中本聰上述 2008 年論文所提出的理論，Bitcoin 生態系統真的在 2009 年 1 月 3 日上線了，中本聰開創了比特幣開源使用者社群、節點和雜湊函式系統，發行 50 個比特幣開始運作第一個區塊鏈，而協助維護比特幣網絡的礦工，也開始取得系統產出（發給）的比特幣（bitcoin）作獎勵，甚至，來到 2010 年 5 月 22 日（之後被稱為比特幣披薩日／Bitcoin Pizza Day），美國一名叫做 Laszlo Hanyecz 的礦工（本來就是電腦工程師），試著在線上論壇上提出交易要約，成功地用比特幣與 Jeremy Sturdivant 交換到美國連鎖披薩店 Papa Johns 的披薩。換句話說，原本只是系統（生態）內部作為礦工維運報酬（誘因或獎勵）的比特幣（bitcoin）竟然與現實交易產生了連結。中本聰 2008 年所發表的這篇論文，甚至變成虛擬通貨（virtual currency）[8]或加密資產（crypto asset）發展的濫觴。此外，部分原本熱衷於 Bitcoin 社群的開發者們，在 Bitcoin 節點架構的「記帳」（資料庫）應用之外，更進一步地將比特幣網路（Bitcoin Network）的去中心化特性，用來部屬智能合約，執行「分散式應用程式」，因此帶動了像是以太坊（Ethereum）這樣的區塊鏈底層技術發展（Ethereum 創建團隊主要的人物 Vitalik Buterin 就是早期活躍在 Bitcoin 社群的開發者），成就了今天的分散式應用程式（Dapps）的熱潮。我們可以說，Bitcoin 的出現，不但帶動了區塊鏈底層技術發展，更牽引（尤其是在以太坊之後）了鏈上之分散式應用程式（Dapps）的發展風潮。

---

[8] 歐洲央行 ECB 於 106 年 11 月及 107 年 2 月均指出，虛擬通貨被稱作通貨 currency 一詞並不恰當；G 20 於 107 年 3 月發布之財長及央行首長公報中，以加密資產 crypto asset 取代虛擬通貨一詞；國際貨幣基金 IMF 近期均以加密資產一詞取代虛擬通貨。參央行理監事會後記者會參考資料（107.6.21）

# 第二章　中本聰的對等式（點對點）電子現金系統與區塊鏈的概念

## 2.1 概念

上文提及，中本聰發表了名為「Bitcoin: A Peer-to-Peer Electronic Cash System」的解決方案（a solution），解決重複花用（double-spending）的問題，建構一套技術，解決信賴（trusted）基礎的疑慮，突破傳統中心化的記帳清算機制（尤其是以銀行為中心）。但，究竟他是如何說的？所謂的 Bitcoin 本身，明明指的就是一個 P2P 的支付網路系統（payment network）或網路生態，而不是某種「幣」，則原本只是 Bitcoin 系統獎勵機制所產出的 bitcoin，之後又如何變成一般常常聽到（但卻未必合於貨幣銀行學裡就貨幣所為的描述或定義）的「虛擬貨幣」（virtual currency）的「始祖」？

首先，可以嘗試從問題提出與解決方案提出這二個面向來理解「Bitcoin：A Peer-to-Peer Electronic Cash System」一文（以下簡稱「Bitcoin 一文」）。[9]

「Bitcoin 一文」提到，在網路上的所進行的商業行為（Commerce on the Internet）幾乎完全依賴金融機構（financial institutions）來提供可信賴的第三方服務，以便能夠處理電子支付（electronic payments）。不過，這種所謂建構在第三方的信賴基礎上的模式（trust based model），有其本質上的不足。

「Bitcoin 一文」從交易成本（transaction costs）、詐欺風險（a certain percentage

---

[9] 同前註 7

of fraud is accepted as unavoidable）來觀察，也就是說，其論述大致是建構在「如果網路上進行的商業行為，其電子支付所需成本過高或可能發生詐欺的風險過高，將不利於電子支付」之上來展開。詳細來說，「Bitcoin 一文」指出，（本於信賴）金融機構無法避免地必須介入交易爭議的調處，[10]而交易成本將會隨之增加，因此，也就不得不在現實上限制最小交易規模，進而導致阻絕了日常生活中小額支付交易的可行性；[11]甚至，在某些交易情境中，作為交易標的服務是不可退（逆）的（nonreversible services），這時候，如果金融機構無法作到不可逆的支付（non-reversible payments），則商家為了避免詐欺，其對於金融機構的信賴將會被分散，也就是必須靠自己對客戶保持警覺，進而要求客戶提供遠比非網路交易所需的更多的個人資訊，以求確保，此時，交易成本也將增加，會讓網路上的所進行的商業行為效率大減。「Bitcoin 一文」進而強調，上述的交易成本與支付不確定性的問題之所以不存在於現金支付（by using physical currency）的情境，則是因為現金支付情境中沒有所謂的「足以信賴的第三方」（trusted third party）之故。

以上的這些論述，正是「Bitcoin 一文」的問題意識。針對這些「問題」，「Bitcoin 一文」則試圖提出解決方案（propose a solution），中本聰建構一個可以用來進行小額交易（支付）、（為了保護賣方）可以確保支付不可逆、（為了保護買方）可以執行一般履約擔保功能（routine escrow mechanisms），且解決重複花用（double-spending）的問題的電子支付系統。

大致而言，這個電子支付系統，是藉由密碼學原理（Cryptograph）以及公私鑰系統（Public-Key Instructure，PKI）作為基礎，而容許交易相對人間進行直接交易（支付），不再需要所謂的「足以信賴的第三方」（trusted third party）

---

[10] 中本聰用的是 mediating disputes 一詞，但解讀上應該是指電子支付過程中清算機構必須有一定機制處理爭議帳款，包括勾稽憑証、確認金額、查對時序等設計，而不是指法律意義上的爭議調解。

[11] 當然，這說法不是絕對的，隨著電子支付的發展，金融機構自然也會發展出其作為第三方的「（調處）成本」攤銷營運模式。中本聰所說的，則也是可以理解的，例如：以最貼近日常交易的 ATM 跨行轉帳手續費來說，如果該手續費包含了金融機構端（彼此）的中介（清算）成本，則不論從金融機構端或消費（使用）者端來看，都不得不有最小交易額限制（例如：極端來說，在轉帳交易額度低於手續費清況下，使用者當然不會利用該等支付系統進行交易）

參與其中，再藉由工作量證明系統（Proof-of-Work system），在對等式網路基礎（peer-to-peer basis）上，實施分散式的時間戳記伺服器（distributed timestamp server），以生成按時間前後排序紀錄的電子交易證明，來避免重複花用的問題。但問題來了，既然不再有「足以信賴的第三方」參與其中，也就是去中心（中介）化了，那誰來願意來作記帳清算的事？也就是誰來維護系統紀錄？在「Bitcoin 一文」裡，扮演這個角色（機制）的，就是所謂的礦工。礦工之所以願意為系統（生態）付出，則是因為系統設計上提供了誘因，這個誘因就是對於完成記帳的礦工給與報酬，而這個所謂的報酬，就是系統設定產出的 bitcoin，比特幣。

## 2.2 細節

### 2.2.1 從數位簽章談起

嚴格來說，在中本聰的「Bitcoin 一文」中，並沒有提到「比特幣」這種「幣」。文章標題寫到的「Bitcoin」指的是：「A Peer-to-Peer Electronic Cash System」。換句話說，「Bitcoin」指的是一種「系統」。內文當中，提到有關「幣」的部份，則是以「electronic coin」稱之，中本聰稱「We define an electronic coin as a chain of digital signatures」，因此，中本聰所說的 electronic coin 指的是（定義為）一串數位簽章。所以，要進一步了解「Bitcoin 一文」的細節，必須先從數位簽章談起。因為 electronic coin 的「所有權」是透過數位簽章的應用而確認，數位簽章可以說是「Bitcoin 一文」所建構的交易過程的根源（We started with the usual framework of coins made from digital signatures，which provides strong control of ownership）

數位簽章是什麼？我國電子簽章法第二條第三款規定「數位簽章：指將電子文件以數學演算法或其他方式運算為一定長度之數位資料，以簽署人之私密金鑰對其加密，形成電子簽章，並得以公開金鑰加以驗證者」，也就是說，數

自比特幣技術的特徵論虛擬貨幣的法律特性及其相關議題

位簽章是一種私鑰加密、公鑰驗證的作法。要理解上述法條（對數位簽章）的定義式描述，則必須對所謂非對稱式金鑰加密系統有基本的認識。[12]

非對稱式金鑰加密系統（Asymmetric Encryption，Public Key Encryption）與對稱式金鑰加密系統（Symmetric Encryption，Secret Key Encryption，conventional Encryption）是密碼系統分類[13]的一種描述。

這種分類下的所謂密碼系統則包含了明文（Plaintext）、加密演算法（Encryption Algorithm）、金鑰（Key）、解密演算法（Decryption Algorithm）及密文（Ciphertext）幾個概念。簡單的理解是：明文，經過加密演算法產生密文（也就是加密之後所呈現的的資料）；密文，經過解密演算法，則可以還原為明文；加密演算法是利用金鑰對明文進行加密，也就是編碼的演算，而相對的，解密演算法則是利用金鑰對密文進行解密，也就是解碼的演算。把密文還原為明文的過程就是解密（Decipher）。至於金鑰，則是一組以位元（bit）為單位，而具有相當長度的數字或符號，他是演算法內的一個變數，用來和密碼演算法一起產生特定的密文，而因為金鑰是演算法內的變數，所以不同的金鑰就會產生不一樣的密文，金鑰長度越長（或者稱之為金鑰強度），密碼系統的安全性（或者稱之為加密技術的強度）則越高（Kerckhoff Principle）。

加密與解密使用同一個金鑰的，就是所謂對稱性密碼系統，此種類型的密碼系統並不存在公開金鑰，而是單單一個私密金鑰，又叫做秘密金鑰加密法，運作上是由傳送方用私密金鑰把明文轉為密文後，也把私密金鑰傳給接收方，接收方以同樣一個私密金鑰將密文解密為明文；加密與解密使用不同一個金鑰的，則是所謂非對稱性密碼系統，此種類型的密碼系統中，用來進行加密與解

---

[12] 不過，要特別說明的，我國電子簽章法中對於 Private/Public Key 是否要實名制並無特別予以規定，但規定有憑證機構（CA）的角色，並於第 11 條規定「憑證機構應製作憑證實務作業基準，載明憑證機構經營或提供認證服務之相關作業程序，送經主管機關核定後，並將其公布在憑證機構設立之公開網站供公眾查詢，始得對外提供簽發憑證服務。其憑證實務作業基準變更時，亦同」。可以說，當時立法應該是著眼於以憑證機構為中心的做法，這和 Bitcoin 技術上採匿名公鑰，也不透過 CA 不同。

[13] 這種分法，是著眼於使用金鑰的個數（單一或成對）來做分類。但事實上，也有人從明文轉換為密文的演算方式（例如 substitution、transposition、product 不同方法）做分類（差異）的；也有人從處理明文方法是區段加密（block cipher）或是串流加密（stream cipher）來做分類

密的是一對金鑰，也就是對應的公開金鑰和私密金鑰（public key and a private key），其中，公開金鑰在使用者（傳送方與接收方）間是可以廣泛（彼此）流通的，運作上是由傳送方利用已經流通取得之傳送方所屬公開金鑰進行加密（明文轉密文，又叫做公開金鑰加密法），而接受方收到密文後，則使用自己保管中（不外流）的私密金鑰解密，此時，因為不存在（如同對稱性密碼系統運作般）有所謂把私密金鑰傳送給對方的動作，所以，只要私密金鑰保管好，則他人即便取得公開金鑰也無法解密。

　　由於對於密碼系統之要求，不是單單為了「私密」（Privacy）而已，通常，更希望達到「認證」（Authenticity）目的，也就是認證傳送者（Sender）以及訊息（Message）本身。具體來說，對於密碼系統的要求，除了私密性外，認證了傳送者身分（Authentication）、認證訊息的完整（Integrity）、不可否認性（Non-repudiation）更顯重要。此時，因此，屬於非對稱性密碼系統結合雜湊演算法兩者所構成的數位簽章的應用，就有其意義。也就是說，數位簽章可以確認 Double Confirm 傳送者（Sender）是誰，而用以達到不可否認的效果（可以想像是在文件上蓋上指紋），而且經過公私鑰運作的原理也得以確認訊息的完整性。

　　這點，在技術面的理解就是：傳送方除了把訊息明文利用接收方的公開金鑰（透過作為演算法變數）加密外，也把該訊息透過雜湊演算法（Hash，Hashing algorithms）計算得出一個雜湊值（散列值：Hash value；也有稱為訊息摘要：Message Digest），接著再用傳送方的私密金鑰對於該雜湊值加密，形成數位簽章，然後將數位簽章與訊息明文一起傳送；接收方收到後（收到附上數位簽章的訊息明文），則一樣對訊息明文進行雜湊演算法（Hash）計算得出一個雜湊值，姑且以「H」代之，同時，以傳送方的公開金鑰對數位簽章解密，此時會還原該數位簽章本身的「明文」（也就是訊息明文經過雜湊演算法得出的那一個雜湊值），姑且以「H'」代之。最後比對「H」是不是就是「H'」？如果是，則表示該訊息明文是傳送方發出（認證了傳送者身分），且沒有被變更（完整性、不可否認）。

　　將以上說明，對應我國電子簽章法第二條第三款規定（「數位簽章：指將

電子文件以數學演算法或其他方式運算為一定長度之數位資料，以簽署人之私密金鑰對其加密，形成電子簽章，並得以公開金鑰加以驗證者」），則條文中所稱的「電子文件」是指訊息明文；所稱的「數學演算法或其他方式運算」就是雜湊演算法（Hash，Hashing algorithms）；所稱的「運算為一定長度之數位資料」則是雜湊值（散列值：Hash value；也有稱為訊息摘要：Message Digest）。至於所謂雜湊演算法，則可以理解成它是一種「數位指紋」（Digital fingerprint）的概念，它可將任何長度的資料轉換成一組由數字和英文字母（大小寫）所組成一定長度、不可逆的且唯一的雜湊值，資料本身改變，雜湊值就會跟著變。

## 2.2.2 「Bitcoin 一文」所描述的交易情境

承上，為方便理解，姑且，我們把發動交易的一方稱作匯款人，另一方為受款人，而這裡所說的交易就是用「轉帳」（transfer）來支付；此時，對應上述技術說明，可以抽象地思考一下，當匯款人要把一筆「錢」「轉帳」（transfer）給受款人時，要如何確保做到「私密」，又能達到「認證」（Authenticity）傳送者（Sender）身分以及交易訊息（Message）本身的完整（Integrity）、不可否認（Non-repudiation）呢？此時，應該就不難理解，為什麼中本聰所說的 electronic coin 指的是（定義為）一串數位簽章（We define an electronic coin as a chain of digital signatures）了。

「Bitcoin 一文」所描述的交易，可以這樣子理解：所謂的「轉帳」（transfer），就是由匯款人對前一次交易（轉帳）的訊息以及這一次（當次）交易（轉帳）中的受款人所屬的公開金鑰，一起進行雜湊演算（Hashing algorithms）（a hash of the previous transaction and the public key of the next owner）而（對雜湊值）為數位簽章，而受款人收到這枚 electronic coin 後，依上述數位簽章認證運作模式，即可確認這枚 electronic coin 是匯款人所有（A payee can verify the signatures to verify the chain of ownership）。

要特別強調的，「Bitcoin 一文」的交易，是點對點進行的（a peer-to-peer network），匯款人與受款人間並不存在中間信任機制的（based on cryptographic proof instead of trust，allowing any two willing parties to transact directly with each other without the need for a trusted third party.）

## 2.2.3 如何解決重複花用的問題：時間戳記與工作證明量

中本聰也注意到了，即便如上所述，可藉由數位簽章來確認 electronic coin 是匯款人所有，但單單是數位簽章，還是沒能解決重複花用的問題（double-spending，也就是一枚 electronic coin，可能因為欠缺可信賴的第三方記帳清算而被轉帳兩次）。

關於重複花用問題的避免，一般是透過可信賴的集權式機制來處理，例如，由在交易過程中，有個像是貨幣鑄造廠的機制，他在每一次交易過程中回收匯款人的幣，然後再另外發行新的幣給受款人，以確保匯款人無從把手上同樣的一枚幣，重複地匯給二個或二個以上的人。由於上述的可信賴機制，就是建構在某個集權式機制掌握、知悉整個交易及其順序，所以，針對這樣的問題，「Bitcoin 一文」也是從掌握整個交易及其順序著眼，不同的，是他採取的方式，是把所有交易對所有 Bitcoin 系統參與者予以公開（publicly announced）的模式，以「公認」的方式建構歷史交易序列，為受款方來確認「轉帳」（transfer）而來的這枚幣，在此之前並沒有曾經「轉帳」（transfer）過給別人。

至於「建構公認的歷史交易序列」這件事要如何做得到呢？簡單來說，就三件事：（1）第一件事是向 Bitcoin 系統參與者（節點伺服器）公開交易資料；（2）第二件事則透過時間戳記做到確保時序（歷史）；（3）第三件事情則是做到「公認」，也就是由 Bitcoin 系統參與者本於工作證明量的共識（Proof-of-Work），一致（絕大多數）共同做確認交易。（To solve this，we proposed a peer-to-peer network using proof-of-work to record a public history of transactions）。

### 2.2.3.1 公開交易資料

所謂的公開交易資料，可以這樣說明：Bitcoin 是一個點對點的交易系統，當匯款人發動「轉帳」（transfer）時，（該筆交易）包括 Bitcoin 協議版本、本次交易比特幣支出地址、本次交易支出地址的比特幣數量、匯款人的數位簽章、

自比特幣技術的特徵論虛擬貨幣的法律特性及其相關議題

本次交易比特幣接收地址、本次交易支出地址的比特幣數量，在系統理會被廣播（公告），等待各個系統參與者（節點伺服器、礦工）依據系統預設的共識機制，競相驗證而完成打包成為一個區塊。

### 2.2.3.2 以時間戳記確保時序

至於時間戳記，「Bitcoin 一文」則提出時間戳記伺服器（Timestamp server）的作法。在此之前，我們有必要先解釋什麼是 Timestamp。Timestamp 是一種表示時間的方式，定義為從格林威治時間 1970 年 01 月 01 日 00 時 00 分 00 秒起算，到「現在」的總秒數，又稱之為 Unix time 或 Epoch time。或許，我們可以想像，為特定資料蓋上時間戳記（Timestamp）其實就像是「郵戳為憑」的類似概念，因此，要能為資料「蓋」上時間戳記的人，當然就必須具有公信力而且要能確保時戳不能被竄改。接著，我們可以進一步想像，在資訊的世界理，存在一個像郵局一樣的可信任的第三方（Trusted Third Party），他蓋上時間戳記（Timestamp）來證明某個資料在某一特定時間即已存在。這個第三方叫做時戳中心（TimeStamp Authority,TSA），而時戳中心則需要建置一個時間戳記伺服器（Timestamp Server）、使用可信任的時間源（Time Source）並使用憑證金鑰來對待證資料的雜湊值為簽章（sign）。「Bitcoin 一文」所提出的時間戳記伺服器是分散式的（a peer-to-peer distributed timestamp server），在 Bitcoin 系統中是由打包區塊的人（礦工、節點伺服器）來做時戳中心所做的事（taking a hash of a block of items to be timestamped），證明將交易的時序排列。（to generate computational proof of the chronological order of transactions）

### 2.2.3.3「公認」地確認交易：共識機制、區塊、區塊鏈

最後，在說明系統參與者要如何「公認」地確認交易這件事時，我們不妨「倒著」說明，才更容易理解。因為，所謂「公認地確認交易」這件事，技術面上，其實就是以區塊形成以及最有效鏈（最「長」鏈）形成來表現，我們建議先「倒著」觀察既有的「經公認地確認的交易」是什麼？「它」長得是什麼樣子？再進一步來說明「它」長這樣子的「過程」，以便於解釋為什麼不會發生重複支付的情事，同時說明 Bitcoin 系統如何能在去中心化的情境下，確保交

易紀錄的正確。以下，就先說明甚麼叫做區塊？區塊鏈的稱呼又是從何而來？再來介紹是形成（打包）區塊的過程。

（1）區塊

區塊是怎麼來的？最簡化的解釋，可以這樣說明：區塊是一定期間內，節點（礦工）就該期間內交易資料驗證而為記帳的結果呈現，而取得記帳權限的過程叫做挖礦。換句話說，區塊是由經「確認（驗證）的交易」所構成。當匯款人發動「轉帳」（transfer）時，Bitcoin 系統將即廣播（公告）交易資料（詳前）到網路上，此時，各個系統參與者（節點伺服器、礦工）則競相驗證特定期間內所發生之數筆交易，爭取將所有交易打包成為一個區塊的權利（成為有權打包區塊的人）。而這個把交易資料打包成為一個區塊的（成為有權打包區塊的人）的過程，就是所謂的挖礦（mining，該部份介紹，詳後述關於共識機制的說明），因為，礦工完成打包區塊後，會得到系統產出的獎勵，也就是比特幣，而這些系統產出的比特幣也將流通於 Bitcoin 系統，好比現實世界裡礦產挖出後於經濟體內流通一般，其中不同的是投入比特幣挖礦的資源是電力。

區塊是什麼？「它」長怎麼樣子？如前所述，每一個區塊中，包含了一定期間內（中本聰預設每 10 分鐘形成一個區塊，做法是透過調整「難度」來達成；詳後）的許多筆的交易（轉帳）資料，這些多筆的交易（轉帳）資料被打包變成區塊（Block）後，會由區塊頭（Block Header）及區塊體（Block Body）二個部分來呈現。至於這些資料怎麼形成區塊頭及區塊體？區塊頭與區塊體間又是怎樣的關係？而在打包區塊過程中又為什麼可以確保交易的時序排列，使之不會有重複花用的發生？則可以透過以下的說明來理解。

A.　區塊體（Block Body）

區塊體（Block Body）當中，包含了每一筆交易（轉帳）的資料（記錄），包括（該筆交易）Bitcoin 協議版本、本次交易比特幣支出地址、本次交易支出地址的比特幣數量、匯款人的數位簽章、本次交易比特幣接收地址、本次交易支出地址的比特幣數量、交易崁入區塊的時間等（以 Unix Time 表達）等，以及作為默克爾樹（Merkle Tree）節點的雜湊值（散列值：Hash value；也有稱為

訊息摘要：Message Digest）。

上述「作為默克爾樹節點的雜湊值」是讓區塊頭與區塊體間產生連結的關鍵。所謂「作為默克爾樹節點的雜湊值」包含了二個概念，其一為默克爾樹節點，其二則是雜湊值。這裡的雜湊值，指的是把每一筆交易（Tx）的資訊內容，包括 Bitcoin 協議版本、本次交易比特幣支出地址、本次交易支出地址的比特幣數量、匯款人的數位簽章、本次交易比特幣接收地址、本次交易支出地址的比特幣數量、交易崁入區塊的時間等，透過 SHA256 演算法做雜湊演算，所得到的湊雜值，也就是所謂的 TxID（Transaction ID），因為雜湊演算的本質（數位指紋），使得相同的交易內容（資料）會有相同的雜湊值，不同的交易內容（資料）必有不同的雜湊值，如此一來，確保每一個地址都不能夠重複交易或被偽造，而前述雜湊值將成為所謂的默克爾樹節點。相同地，該一定期間內之其他筆交易（Tx）的資訊內容，也同樣透過 SHA256 演算法做雜湊演算得出雜湊值。之後，該一定期間內各筆交易資訊的雜湊值會再兩兩連接在一起，然後再再透過 SHA256 做雜湊演算，一直得到默克爾樹根（ Merkle Tree Root）為止。此時，默克爾樹根將可代表該期間內所有區塊體中的交易記錄。區塊體中的交易記錄雖然是特定期間內一個整體的收支紀錄，而以默克爾樹根形式呈現，但每一筆交易記錄都保有個別的索引編號，以供查詢。

B.　區塊頭（Block Header）

至於區塊頭（Block Header），則是構成區塊鏈的關鍵。區塊頭（Block Header）裡的紀錄，主要是所謂詮釋資料（Metadata，有稱之為後設資料、元數據、元資料者）。詮釋資料本身是種「關於某資料的資料」（data about data），也就是詮釋資料本身就指涉、連結某個資料（訊）。區塊頭內的詮釋資料包括：先前一個區塊頭（內所有資訊）的雜湊值（hash of previous block header）、當前區塊本身區塊體內所有「默克爾樹」（Merkle Tree）演算法所得出的默克爾樹根（Merkle Tree Root）。前者，建構了前後區塊相鏈接的關鍵，使當前區塊與上一個區塊形成一個能確保區塊的順序的連結；後者，則是使區塊頭表現出區塊體內的每筆交易。

如此一來，只要區塊體紀錄的任一筆交易記錄（包括 Bitcoin 協議版本、比特幣支出地址、支出地址的比特幣數量、匯款人的數位簽章、比特幣接收地址、支出地址的比特幣數量、交易崁入區塊的時間等）被變動（竄改）， Merkle Tree Root 就會變動，區塊頭也當然跟著變動，而區塊頭的雜湊值也必然會隨之改變，則竄改交易記錄的人，就要有能耐竄改所有原本相鏈接的所有區塊，不然馬上就會被發現。

此外，區塊頭內也記錄了 Bitcoin 協議版本、（區塊生成）時間戳記（Timestamp）、挖礦難度係數（Difficulty）、任意數（Nonce），其中挖礦難度係數」（Difficulty）和任意數（Nonce）與工作量證明演算法有關（詳後）。由於前一個區塊的區塊頭雜湊值會被放（記錄）在當前區塊的區塊頭內，因此，一旦前一區塊區塊頭內紀錄的（區塊生成）時間戳記被竄改時，除非原本相鏈接的所有區塊也都跟著被竄改，不然也是馬上就會被發現。

（2）區塊鏈

經過上述對於區塊的說明，應該已不難理解為什麼區塊會變成「鏈」。這是藉由在每一個當前區塊的區塊頭中，都記錄了代表（詮釋）前一個區塊（頭）的雜湊值來達成的。但，區塊的打包，只是某個節點確認了交易而已，但該區塊內的交易要能真正算是已經被「公認地確認」，則需要進一步確認那些個區塊組成最長的鏈。至於何以如此？則可以進一步從區塊打包的運作來解釋。

如果嘗試把區塊打包這件事給步驟化，可以簡單理解如下：（1）匯款方要轉帳給收款方的訊息（包括本次交易比特幣支出地址、本次交易支出地址的比特幣數量、匯款人的數位簽章、本次交易比特幣接收地址、本次交易支出地址的比特幣數量）會在系統裡被廣播（publicly announced）、（2）節點進行交易訊息驗證、（3）取得記帳權的節點把驗證通過的交易訊息打包記錄（帳）、（4）打包紀錄（帳）後向所有節點廣播，以使所有節點的帳本資料同步，此時才算交易完成，而收款方收到匯款方轉來的比特幣。

進一步來說，上述所謂由節點進行交易訊息驗證，指的就是節點（礦工）

自比特幣技術的特徵論虛擬貨幣的法律特性及其相關議題

檢視匯款方有足夠的餘額可以匯出（「錢」包有「錢」）、[14]確保匯款動作是匯款方發動（驗證數位簽章）、確認交易時間；而上述所謂取得記帳權，就是挖礦（mining）的過程，也就是系統內的多數節點都依據 Bitcoin 系統的共識設計（遊戲規則），爭取記帳權以進行當次帳本的打包（紀錄、記帳）。這時候，打包完成的紀錄就是一個「帳頁」（內容中可能有數筆交易，或可以用資料庫的概念來理解）就是所謂的區塊（block），而這個「帳頁」（區塊，block）因為演算法的應用（詳後），這個區塊（block）的 block body 透過 Merkle tree 紀錄這些被打包的交易紀錄，再透過 block header 連結前一「帳頁」，以此類推，所產生的連結，形成所謂的區塊鏈（block chains），一頁接一頁累積成帳本。這個，就是我們在常常聽到的（形容）：「Bitcoin 系統參與者（節點）每個人手上都有同步而（時序）連續的帳本（block chain）」、「帳本的每一頁（block）都是依序連續地登載的，而每一筆交易都可以想像成是帳本（block chain）的某一頁（block）內的紀錄」的說法。

這樣的運作看似理想，但由於系統參與者（節點伺服器、礦工）是各自獨立運作的，所以，或可能會因為網路速度問題不一等因素，而產生所謂的區塊鏈「分叉」現象（block chain forks，這裡先不談因為共識機制改變而產生的分叉問題）。也就是說，在某個巧合的時間點，可能會有獨立的礦工各自完成打包，而各自都向系統廣播其所完成打包的區塊之情形，此時，誰的紀錄（帳頁）應該被系統接受（成為帳本的一部分）？就會發生問題。有幸的是，這種狀態，只是暫時的。

Bitcoin 系統設定，節點須選擇最長或累積工作量最大的鏈作鏈（連）結的共識，在分叉產生時，所有節點會暫時保留所收到的不同的打包區塊以等待次一個區塊的誕生與廣播，而由次一個區塊依照「選擇最長或累積工作量最大」的原則來「接」上。所以，一旦交易資料被區塊的打包，還是可能發生分叉，此時，某個節點確認（打包）了交易是不夠的，哪個（分叉）區塊真正依據最

---

[14] Bitcoin 所使用的交易模型並非一般直覺中所認識的 Account Base，而是一種叫做 UTXO 的模型，UTXO 全名是 Unspent Transaction Outputs

長鏈原則被留下，才算是已經被「公認地確認」。也就是說，被次一個區塊掛上成鏈的，才是被公認（Nodes express their acceptance of the block by working on creating the next block in the chain，using the hash of the accepted block as the previous hash.）

除了分叉問題，附帶要說明的，則是 Bitcoin 系統是點對點的網路，這表示任何節點都可以隨時加入或退出，而前述所謂「系統內的節點都依據 Bitcoin 系統的共識設計爭取記帳權（打包）」，可以先暫時理解成是一種「算力」的比賽，所以，不能不考量惡意節點加入系統所進行的算力攻擊。換句話說，惡意節點（的篡改）如果能「趕得上」誠實節點（的打包），是可以破壞證資料正確性的，以 Bitcoin 的工作量證明（Proof-of-Work）共識機制來說，一般認為要連續接上六個區塊後才算穩定，此時惡意節點必須控制相當大的算力才有辦法交易的確認速度，對它來說並不經濟，甚至，不如扮演誠實節點而獲取系統誘因（獎勵，比特幣）。

（3）共識機制

其實，能否成功地維護一個去中心化的系統，關鍵就在於如何能夠讓分散的各個系統參與者（節點、礦工）願意遵從一個共同的規則。

之前，在介紹交易資料、區塊、區塊鏈的關係時，曾經提到 Bitcoin 系統的運作，大致上包括了交易訊息廣播、驗證、區塊打包、新區塊廣播與同步四大步驟；把交易資料打包成為一個區塊的，就是常聽到的挖礦，也就是系統內的節點都依據 Bitcoin 系統的共識設計爭取記帳權（打包）的過程。這裡，則要進一步說明，「共識」是什麼？而礦工們又是如何來爭取記帳權？

A.　要記帳，先解題

要把交易資料打包成為一個區塊，必須對要放在區塊頭的資料，透過 Nonce（任意數）的變動，反覆地（嘗試）進行 SHA256 雜湊演算，得出一個「滿足條件」雜湊值。一旦得出「滿足條件」雜湊值就取得記帳權（打包區塊）。

剛剛介紹過區塊頭（Block Header），區塊頭（Block Header）裡紀錄的，主要有 Bitcoin 協議版本、先前一個區塊頭（內所有資訊）的雜湊值（hash of previous block header）、當前區塊的默克爾樹根（Merkle Tree Root）、（區塊生成）時間戳記（Timestamp）、挖礦難度係數（Difficulty）、任意數（Nonce）。

而所謂「滿足條件」雜湊值，是 Bitcoin 系統預設的，而且這個條條件是動態調整的（配合系統預設每 10 分鐘形成一個區塊，詳後）。

至於所謂雜湊演算法，可以理解成它是一種「數位指紋」（Digital fingerprint）的概念，它可將任何長度的資料轉換成一組由數字和英文字母（大小寫）所組成一定長度、不可逆的且唯一的雜湊值，資料本身改變，雜湊值就會跟著變。SHA256 雜湊演算法就是把所有的資料用 256 位元的數字和大小寫字母構成的字符串替代。

對應不同的資料，雜湊演算法計算得出的雜湊值也會不同，資料內容改變，則得出的雜湊值也不同。所以當礦工對要放在區塊頭的資料（Bitcoin 協議版本、先前一個區塊頭的雜湊值、當前區塊的默克爾樹根、時間戳記、挖礦難度係數、任意數）作雜湊演算，以求得「滿足條件」的雜湊值時，做法就是一直試一直錯一直改、一直試一直錯一直改、一直試一直錯一直改、一直試一直錯一直改那個任意數（Nonce），直到求得「滿足條件」的雜湊值。因為，其它（放在區塊頭）的資料是不變（固定）的，只有 Nonce 是變數。找到正確的 Nonce，就是「解」，就是挖到礦，就是取得記帳權。誰找到正確的 Nonce，大家就認同（共識）誰已經進行了大量運算（雖然，也可能是一個概率事件），這就是工作量證明（Proof-of-Work）。

B. 挖礦難度值（Difficulty Target，目標值）

在 Bitcoin 系統中，是以 10 分鐘作為新區塊生成（打包）的預設間格。

如上所述，所謂交易完成（受款人收到匯款人轉給的比特幣）是經過交易訊息廣播、交易訊息驗證、交易訊息打包、廣播新區塊使所有節點帳本資料同步等四大步驟。或許，只要網路速度夠快，要作到（各節點）「即時」同步並不至於太難，但問題是每個節點在努力投入計算（找到正確的 Nonce）準備打包區塊時，如果還要留意（其它節點）即時廣播的打包資訊，以進行資料同步，勢必會中斷計算。所以，「即時」同步可以說只是一個概念，事實上，Bitcoin

系統的設計是讓區塊打包有一定難度，才不會隨時有節點廣播打包資訊，而錯亂或中斷其它節點進行中的計算。

就此，具體的作法則是控制新生區塊的雜湊值能夠與「滿足條件」相符的難度，而且，讓這個難度定時進行動態的調整（Bitcoin 協定裡把挖礦難度係數調整週期預設為每二周，也就是 2016 區塊形成間隔調整一次），使新區塊生成（打包）的預設時間間格都大致能維持在 10 分鐘（區塊產生的速度比 10 分鐘快則增加難度，比 10 分鐘慢則降低難度）。本文先前在介紹區塊頭裡所記錄的資訊時，有提到「挖礦難度係數」（Difficulty）一詞，而這個「挖礦難度係數」，就是用來作上述控制的。

在 Bitcoin 協定裡，是使用一個叫作 Target Max 的恆定值，來除以一個以 Difficulty 表示的難度係數，計算出一個「挖礦難度」（Difficulty Target，或稱為目標值）。剛剛一直提到的「滿足條件」（的雜湊值），指就是礦工對要放在區塊頭的資料進行雜湊演算，透過反覆調整（試錯）Nonce 而得出的雜湊值要小於「挖礦難度」（Difficulty Target，或稱為目標值）。

C.　最長鏈機制

工作量證明（Proof-of-Work）的說明如上，　誰找到正確的 Nonce，大家就認同（共識）誰已經進行了大量運算，而取得記帳（打包形成新區塊）的權利。此外，Bitcoin 系統中還預設了所謂最長鏈共識。基本上，一個打包好的新區塊要被確定的接受，是以它的雜湊值被記錄到後面一個區塊的區塊頭為準，也就是除了完成區塊打包，還要被次一個區塊掛上成鏈，才算是被系統接受、公認（Nodes express their acceptance of the block by working on creating the next block in the chain，using the hash of the accepted block as the previous hash.）。因此，除了工作證明量的共識（用來打包區塊），在區塊打包並廣播到系統後，還要被次一個區塊延續地鏈接才算被接受，而所有節點要有延續最長鏈的共識，（Nodes always consider the longest chain to be the correct one and will keep working on extending it.），也就是說，礦工要確保自己手上的帳本副本是最長的鏈，而打包完的區塊也要延續這個最長的鏈。

## 2.2.4 誘因與礦工（系統參與者、節點伺服器）

依前述介紹，大致上可以理解的是匯款人用數位簽章證明 electronic coin 所有權，然後節點負責蒐集被廣播到系統網路上的交易，確認匯款方有足夠的餘額可以匯出、確保匯款動作是匯款方發動、確認匯款方沒有重複花用等然後打包區塊記帳，這些做法其實可以想想每個節點都扮演了一個像銀行這樣的角色，來檢視、確保交易以及正確登載加帳或減帳。

在現實的世界裡，因為銀行或相當於銀行的機構有手續費可收、可以獲得存戶存款和貸放或投資收益的（中間）利益，所以，他投資維護了系統。但在 Bitcoin 的系統中，系統參與者（節點伺服器，礦工）為什麼要做？尤其是要打包區塊還必須要反覆計算（詳前），要花費算力、電力。

「Bitcoin 一文」的做法是：取得記帳權的節點可以得到系統設定的獎勵（bitcoin），獎勵的設定則是從 2008 年 50 個 bitcoin，而依每 4 年減半的方式由系統產出給礦工，目前（2020 年）是 12.5 個比特幣。我們可以說，Bitcoin 系統沒有「發行」bitcoin（比特幣），bitcoin 是 Bitcoin 系統設定給特定人也就是礦工的獎勵，以創造礦工維護系統（帳本）的誘因。

除了一開始系統設定的 bitcoin 獎勵外，礦工還可以從匯款方逐筆抽取手續費，手續費由匯款方自己決定，匯款方如果想要讓礦工有誘因盡快處裡自己的交易，當然可以承諾高額手續費作為獎勵（相對的，如果一毛不拔，廣播出去的交易資料可能沒有礦工願意處理）。

## 2.3 結論

簡單來說，Bitcoin 系統是一種電子現金與 P2P 支付系統（Payment Network），它具有匿名的特性（採用的是匿名 Public Key 機制）。甲方支付一筆款項給乙方時，這個筆款項的交易過程（Transaction）便被紀錄在區塊裡（Block）；多個區塊構成了區塊鏈（Block-chains）的結構，以大量保存歷史交

易紀錄。紀錄著重要交易資訊的「區塊鏈」就是一種帳本（Ledger）的技術。然而，同一時間只能由一個人負責記帳，於是搶奪記帳權的機制就被提出，這個機制被稱為 Proof-of-Work（PoW，工作量證明）的方式，以密碼學（Crypto）技術決定記帳權的取得。但是，如果重要的帳本只由一個人來管理，想必會令人心驚膽跳，因為有可能帳本內容會被竄改而不被發現。 因此，採用多本帳本的方式，每一本帳本皆由不同人來管理，且同步，這樣就能克服這個問題；因此，取得記帳權利的人，除了將記錄好的交易寫進帳本外，也要將這些「新帳目」廣播給其他人，取得公認，完成這些工作後，便能得到比特幣做為獎勵。技術上來說，區塊鏈就是一種分散式帳本技術（Distributed Ledger Technology）。

經由上述的介紹，應該足以建構對於 Bitcoin 系統和 bitcoin（比特幣）的基本認識。我們可以用以下的問答，來澄清一些誤解：

## 2.3.1 中本聰的 Bitcoin 系統發行了 bitcoin（比特幣）

要精確地回答這個問題，應該先定義甚麼叫做發行。假設，發行這二個字指的是 offering（例如，常常聽到的代幣首次發行／initial coin offering，ICO），那答案絕對是否定的。Bitcoin 系統的 bitcoin（比特幣）是「挖」來的，是 Bitcoin 系統預設（原生）給參與維護帳本（打包區塊）的礦工的誘因。（這點跟後來發展的「鏈上工具幣」、「有價證券（憑證）型虛幣」有別，詳後說明）。

## 2.3.2 Bitcoin 系統給礦工的 bitcoin（比特幣）本意不是貨幣

如同本文一開始對於貨幣的介紹，貨幣是為了作為交易媒介而出現的。中本聰的「Bitcoin 一文」其實只是在說明一種支付模式可以去中心化的情境，他把 electronic coin 定義為「一串數位簽章」並用 electronic coin 的流通（transfer）過程來說明他所建構的這套記帳清算機制可以去中心化，又可以避免重複花用的系統而已。後來，礦工 Laszlo Hanyecz 用比特幣來交換到現實世界中的披薩，並非「Bitcoin 一文」預設的 bitcoin（比特幣）「用途」。換句話說，就算後來 bitcoin（比特幣）被當作為交易媒介，充其量也只能算是實體的商品貨幣

（commodity money）而已。甚至，根本只是以物易物的概念。如此一來，就不難理解何以多數國家央行都以加密資產（crypto asset）一詞取代虛擬通貨（currency）稱之[15]（之後，本文將對不同類型虛擬通貨（或嚴格稱之為「加密資產」），所可能對應的固有法律權利體系中的「屬性」作討論）。

## 2.3.3 Bitcoin 系統創新在於分散又鏈結

Bitcoin 系統其實是分散式帳本（Distributed Ledger Technology，DLT），也就是是分散式資料庫技術的應用，所謂的各節點分散但同步的技術原本就存在（例如，資料庫的異地備援技術）。Bitcoin 系統的創新，是讓這些分散式帳本的維護者也分散了（礦工，節點），然後，透過利用雜湊演算的特性，讓每一次的帳本紀錄，前後產生鏈結，造就不可（或至少幾乎不可）更改的帳本整體，也就是區塊鏈。由於「帳本」的本質就是一種資料庫，所以，當我們把「帳本」替換成各種資料庫的概念、把「記帳」替換成各種資料寫入資料庫的概念，就可以發現區塊鏈的應用將有無限想像。

## 2.3.4 區塊鏈上的資料不是絕對安全

由 Bitcoin 系統的說明可知，中本聰不是沒擔心過惡意節點的問題，事實上 Bitcoin 系統是點對點的網路，這表示任何節點都可以隨時加入或退出，惡意節點當然也可以「結夥」加入進行算力攻擊。換句話說，惡意節點（的篡改）如果能「趕得上」誠實節點（的打包），還是可以破壞證資料正確性的。

總結的來說，「Bitcoin 一文」主要是要建構一個去中心化記帳結算系統，他的方法是用 PoW 共識，來決定分散式帳本的寫入權（打包區塊），並藉由默

---

[15] 我國中央行理監事會後記者會參考資料（107.6.21）說明，略稱「虛擬通貨不具交易媒介、價值儲存及記帳單位等貨幣三大功能，近期國際機構陸續改以加密資產（crypto asset）一詞取代虛擬通貨」；歐洲央行（ECB）於 106 年 11 月及 107 年 2 月均指出，虛擬通貨被稱作通貨（currency）一詞並不恰當（misnomer）；20 國集團（G20）於 107 年 3 月發布之財長及央行首長公報中，以加密資產取代虛擬通貨一詞；國際貨幣基金（IMF）近期均以加密資產一詞取代虛擬通貨。

克爾樹演算法，把放在區塊體的每筆交易變成詮釋資料（Metadata ，有稱之為後設資料、元數據、元資料者）後放到區塊頭，每一個區塊的區塊頭含有時間戳，也都記錄了前一個區塊的區塊頭的 SHA256 雜湊值，因此所有區塊都產生了鏈結，據此維護交易不重複、不可竄改。最後，為了讓節點伺服器（礦工）有計算、打包區塊的誘因，系統預設了 bitcoin（比特幣）的產出作為獎勵。當我們把這種「帳本的清算記帳」的具體應用給進一步抽象化，而把區塊鏈的應用情境「投射」到所有資料庫的維運，會發現要利用區塊鏈的特性，作到資料庫分散、同步，防止竄改的發展，有許多的可能。重點不是「發幣」，「發幣」（關於具體做法及可能的適法性疑慮，詳後）只是其一。

# 第三章　區塊鏈應用的「進化」：從比特幣、以太坊到重視效率與私密的 Hyperledger Fabric

　　「Bitcoin 一文」讓區塊鏈技術受到矚目，但 Bitcoin 的腳本語言（scripting language）欠缺圖靈完整性（Lack of Turing-completeness ），而且，其採用的 UTXO （Unspent Transaction Output）架構的帳本，只有「用完和没有用」（all-or-nothing）的概念，所以也導致其只能用以架構簡單、一次性的合約而無法架構複雜的有條件式的合約（simple，one-off contracts and not more complex "stateful" contract），而且無法細緻處理可撤回的金額（no way for a UTXO script to provide fine-grained control over the amount that can be withdrawn）。Vitalik Buterin 有鑑於此，就在 2013 時推出以太坊（Ethereum）「新一代智能合約與去中心化應用軟體平台」（A Next-Generation Smart Contract and Decentralized Application Platform）白皮書，[16]除了不採 UTXO 架構而採用 Account Base 外，更重要的是他所構建的底層，是內置圖靈完備程式語言的區塊鏈，而允許任何人編寫較為複雜的智能合約及去中心化應用程序，依不同的需求，而創建所有權、交易格式、狀態轉換的規則（they can create their own arbitrary rules for

---

[16] *See* Ethereum Whitepaper, https://ethereum.org/en/whitepaper/。不過，一般認為以太坊白皮書的性質，比較像是精簡傳達架構的計畫報告，真正深入解釋其演算法以及技術架構是以太坊的共同創辦人 Dr. Gavin Wood 之後發表的名為 Ethereum: A Secure Decentralized Generalized Transaction Ledger 的技術論文：https://ethereum.github.io/yellowpaper/paper.pdf。黃皮書謹地解釋了以太坊的運作機制，清楚的把以太坊定位成一個被用來開發基於區塊鍊基礎架構的應用軟體的平台。事實上，以太坊發展至今，已經成為最有代表性的應用軟體生態圈（ecosystem），開發者間在區塊鏈技術裡更變成一個頗有影響力的社群（community）。

ownership，transaction formats and state transition functions）。或者，更簡單的說，Bitcoin 的區塊設計主要是存放交易資料，是存儲（storage）的功能，而 Ethereum 的區塊設計進一步做到可以存放特定的程式語言編寫的程式碼以進行運算（compute）；Vitalik Buterin 要打造一個平台，讓大家可以在上頭建立自己的去中心化應用程式（Ethereum is a platform that is specifically designed for people to build these kinds of decentralized applications）。Ethereum 的出現，被譽為「區塊鏈 2.0」的世代。

時至 2015 年，IBM 以開源方式發布了 Hyperledger Fabric，2018 年 IBM 的一群工程師發表了 Hyperledger Fabric：A Distributed Operating System for Permissioned Blockchains。[17]Hyperledger Fabric 不是一個容許任意加入的區塊鏈，而是需要許可的（permissioned），藉此，試圖改變「無需許可的」（permissionless）的公鏈可能產生的效率低落問題，同時，它的架構中加入 channel 的概念，將節點分組化，加強了私密性（詳後介紹）。

## 3.1 以太坊（Ethereum）與發幣應用

### 3.1.1 以太坊所說的智能合約（Smart contract）是什麼

以太坊（Ethereum）的 A Next-Generation Smart Contract and Decentralized Application Platform，包括二個重要概念。其一是「新一代」智能合約；其二則是「去中心化應用軟體」（平台）。

關於智能合約，我們可以這樣理解，「合約」就是交易所依循的「條款與條件」（terms and conditions）；「智能」指的則是可自動執行的程式碼；「智能合約」就是把交易與其依循的「條款與條件」變成可程式化（programmable）。智能合約（smart contract）在一定觸發事件發生時，將會按照預設的「條款與條

---

[17] *See* Elli Androulaki et al., Hyperledger Fabric: A Distributed Operating System for Permissioned Blockchains, https://arxiv.org/pdf/1801.10228.pdf

件」自動執行。但所謂將交易與其依循的「條款與條件」程式化（programmable），（也就是將合約電子化）並不是新鮮事，電子商務發展過程中，更是常見，例如網路商店的應用即為適例。

那麼，以太坊（Ethereum）為什麼用「新一代」（Next-Generation）這個詞來強調他所謂的「智能合約」呢？我們可以想像，傳統的智能合約雖然是藉由程式化的方法，讓程式在一定觸發事件發生時按照預設的「條款與條件」自動執行，而避免第三方介入。但「中心化」本身就是給駭客介入的機會，而且，即便能避免第三方介入，卻不見得能防免「智能合約」創造者的惡意片面變更「條款與條件」。

所以，Vitalik Buterin 的以太坊所說的智能合約不再是建構在中央伺服器—客戶端模式（a centralized server—client model），而是把智能合約佈署到區塊鏈上，因為區塊鏈的特性，智能合約完成部署，就無法竄改，而且可以避免中心（或部分）節點伺服器失靈可能的系統崩潰，也就是說，所謂的「新一代」（Next-Generation）指的是他結合了智能合約與區塊鏈兩個本來就是不同的，也非必然相關的概念。

所謂的「把智能合約佈署到區塊鏈」又是怎麼回事？「把智能合約佈署到區塊鏈」就是讓程式化的條款與條件在區塊鏈上運行。那麼，如何部署？又是如何運行？

我們先從談到部署智能合約的概念談起。所謂部署智能合約的意思是指智能合約創建者用以太坊的程式語言 Solidity (.sol)來撰寫合約（程式）的原始碼，之後透過 Solidity 的編譯器（Solidity Compiler）進行編譯產生 bytecode（binary code）與 ABI（Application Binary Interface，使用者與智能合約溝通的介面），其中 bytecode 會存在區塊中，這就是部署。部署到區塊鏈上的合約會有一個和錢包地址（Address）一樣格式的合約地址（Contract Address）。

再來，我們簡介一下運行的概念，他可以這樣被簡單地理解：區塊鏈網路是一個系統，智能合約佈署到區塊鏈後，因為區塊鏈的特性，智能合約就會自動複製到每個節點，且在每個節點上以相同的程式邏輯執行。以太坊為什麼可

以執行智能合約的程式？那是因為它不像 Bitcoin 的區塊設計主要是存放交易資料（storage）而已，它的區塊設計還可以存放特定的程式語言（如：Solidity）編寫的程式碼，而在以太坊系統架構裡，每個伺服節點除了有同步的資料庫（帳本）以外，也都有一個以太虛擬機（Ethereum Virtual Machine，EVM），這個 EVM 就是用來執行那些部署在區塊中的 bytecode 的（所以在程式部署的時後，要把程式碼編譯成 EVM 可以讀的二進位 bytecode），所以當使用者使用應用程式（即後述的 Dapps），透過 ABI 把資料發送到合約位址（呼叫智能合約），也就是發起交易時，以太坊的節點中的 EVM 就會就已經部署在區塊中的智能合約 bytecode，進行運算、回應。

我們可以說，以太坊中用到的「合約」二字，重點不是誰來「履行」或「遵守」，而是一旦觸發預設的條件或條款，就「必然」會呈現「履約」後的結果。當智能合約被部署在以太坊後，就成為一個「自主機制」（autonomous agents），當某些觸發條件發生（也就是所謂的「事件驅動」），他就會自動執行特定的代碼段。原則上沒有不「履行」或不「遵守」的問題。

## 3.1.2 以太坊（Ethereum）所說的「去中心化應用軟體」是什麼

關於 Vitalik Buterin 在以太坊白皮書裡提到的 Decentralized Application（即 Dapps）是甚麼？又有哪些類型？我們必需從 Decentralized 這個詞談起。

過去絕大多數 Web 軟體應用程式都遵循集中式模型，也就是所謂中央伺服器—客戶端模式（a centralized server—client model）建構，這樣子的軟體，就是由中心化的伺服器負責計算（computation），而且唯一地控制整個網路，但隨著資料處理（計算）越來越是龐大時，分散式系統於是出現。但所謂的分散式系統（Distributed system），在傳統計算機科學中，主要談的是分散式運算（Distributed computing），指的是把需要進行大量計算的資料分割、分別由多台計算機計算，再上傳回「中心」一合併處理得出結果。這種情況下，結果的處理還是中心化的，只是計算工作分散而已。

以太坊白皮書裡提到的「Decentralized」所指的去中心化，是「完全」的「獨

立」且「分散」的概念。這種應用程式，結合（透過智能合約連接）區塊鏈，由所有的使用者與程式間直接的連結（Dapps connect users and providers directly），並不存在處理或管理使用者資訊的中介（don't require a middleman to function or to manage a user's information），[18]它藉由區塊鏈的特性，每個節點伺服器都有獨立處理資訊的能力，扮演獨立最終處理（打包）的角色，而網路廣播交易資訊、同步節點打包結果，達到「獨立」且「分散」的目標，同時，也難以竄改結果。

　　參照以太坊白皮書的介紹，以太坊上可以有三種類型的應用。第一類是金融類應用程式（financial applications），這類的 Dapps 是單純用來管理和訂立與金錢有關的合約，例如發行子通貨（sub-currencies）、金融衍生產品等；第二類是半金融應用程式（Semi-financial applications），這類的 Dapp 所處理的除了金錢以外，也處理大量非金錢相關（non-monetary side）的工作，例如：保險契約就需要處理投保資訊和保費；第三類則是完全無涉及金錢的 Non-financial applications，例如用來處理在線投票和去中心化政府（治理）等。

　　至於分散式應用程式（Dapps）和智能合約間是怎樣的關係？我們可以簡化成：分散式應用程式（Dapps）是「交易」請求的發起者（端），智能合約是分散式應用程式（Dapps）與區塊鏈的聯繫介面來理解。回到傳統網頁應用程式（Web App）來比照（想像），網頁用程式（Web App）是透過 API（Application Programming Interface，應用程式介面）來對系統伺服器端發出請求，而由系統伺服器運算後回應（中間透過通訊協定，例如 HTTP 就是用於瀏覽器與伺服器之間的通訊協定），但在區塊鏈的情境裡，Web App 則被分散式應用程式（Decentralized Applications，Dapps，詳後）替代，而傳統伺服器的資料庫則變成區塊（鏈）的概念，此時，Dapps 則透過 ABI 聯繫（呼叫）智能合約（這個過程就是交易，transaction）來對區塊（鏈）發出指令、得到回應。所以，有人

---

[18] *See* What Is a Decentralized Application?, Coindesk (Mar 30,2017), https://www.coindesk.com/learn/ethereum-101/what-is-a-decentralized-application-dapp (lasted visited 2021/1/7)

說，區塊鏈裡的智能合約好比傳統 Web App 架構下的 API。

在以太坊之後，所謂的區塊鏈上分散式應用程式（Decentralized Application）經由智能合約按照預設的「條款與條件」自動執行（從這個角度來說，智能合約是分散式應用程式的一部份）的構想與實踐，讓區塊鏈技術更有「落地應用」的能見度，不但為區塊鏈開創了一個新局，更被稱為是 Web3.0。

## 3.1.3 區塊鏈架構上的「幣」是什麼

「幣」這個字，向來因為分類或定義的缺乏，導致各說各話，難以對話。技術與經濟，甚至與法律、政策等，都產生嚴重的落差。在這裡，我們先說結論：在 Ethereum 系統平台上說到「幣」這個字時，至少，有二大類。其一指的是 Ethereum 系統平台中「原生」的以太幣（Ether）；其二指的則是架構在 Ethereum 系統平台上的 Dapps 所依據不同目的而設計的 token。後者，依各該 Dapps 所創設的目的不同，token 的功能與法律上如何認定其法律屬性的結果也會不同。Ethereum 系統平台只是公鏈系統中的一種。所以，相同地，在其他公鏈系統中，也會有其他的公鏈原生幣（Native token），而其上的 Dapps 也可能會有其依據不同（項目）目的而設計的應用幣（App token）。

這點，要特別注意，因為許多關於經濟，甚至與法律、政策的討論，都沒有去釐清這樣的區別，而一概以單一的概念（不管叫做虛擬貨幣也好、虛擬資產也好、加密貨幣也好、加密資產也好），試圖解釋或監理本質上功能多元，而且性質可能南轅北轍的 token，以下，本文嘗試做出分類，以便後續討論：

### 3.1.3.1 原生「幣」（Internal token of blockchain）

為了區分區塊鏈系統平台（底層）所產出的「幣」，和架構在區塊鏈上的分散式應用程式（Dapps）為了它不同（項目／project）目的所設計的「幣」，本文用 token of blockchain（Native token）和 token on blockchain（App token）來區分。

區塊鏈系統的應用大致上，可以這樣歸類，一種是靜態的描述、定義資料狀態的應用（資料上鏈後無法被竄改，例如身分資格證明、訴訟證據等）；另

一種是紀錄動態的資產交易過程的應用（例如：各種權利的移轉等）。不管是用哪一種方式來應用區塊鏈系統平台（底層），使用者都必須支付對價，而用來支付對價的就是這個區塊鏈系統平台的「原生」幣。

以 Ether（以太幣）為例，簡單來說，Ether 是以太坊系統內部的創建的工具，用作近用以太坊系統平台的對價。我們看看以太坊白皮書中對於交易封包的說明，他提到了交易資料中（signed data package）包括了「GASPRICE value」，而所謂的「GASPRICE value」，指的就是發送方就每一個計算步驟所願意支付的費用（the signed data package⋯Transactions contain:⋯A GASPRICE value，representing the fee the sender pays per computational step）；同樣的，以太坊白皮書中對於訊息（message）的說明中也提到，訊息中會包含 A STARTGAS value（Contracts have the ability to send "messages" to other contracts⋯A message contains:⋯A STARTGAS value）。這裡所說的「Gas」就是燃料，就是指作為以太坊系統內部的加密「燃料」，是用來支付交易手續費（"Ether" is the main internal crypto-fuel of Ethereum，and is used to pay transaction fees）的以太幣（Ether）。

換句話說，當使用者要使用以太坊系統平台（Ethereum）進行交易或訊息的傳遞，都必須使用以太幣（Ether）作為手續費，以太幣是一種系統內部的加密資產，是「原生」於以太坊系統平台的，使用者支付以太幣才能近用以太坊系統平台，包括當開發者在以太坊系統平台（鏈）上架構 Dapps 時，也是種使用以太坊系統進行交易或訊息的傳遞的行為，所以，也就必須用以太幣當對價。更簡單的說法則是，以太鏈是底層技術，他提供智能合約功能的平台。以太幣則作為在以太鏈上布建智能合約的手續費（ETH is the "crypto fuel" for running smart contracts on the Ethereum platform）

小結：比特幣（Bitcoin）系統平台中的比特幣（bitcoin）、以太坊（Ethereum）系統平台中的以太幣（Ether）的功用之一，都是使用系統平台（區塊鏈網路）的對價。

### 3.1.3.2 Dapps 應用「幣」（Dapps token on blockchain）

如上述，以太坊系統除了存儲（storage）的功能外，因為圖靈完整性，更做到可以存放特定的程式語言編寫的程式碼，近而用以進行運算（compute），因此，其應用發展甚廣。

在多面向的應用發展中，包含了可以被用來發展 token systems。這裡的 token 指的是在 Ethereum 系統平台上架構 Dapps，而在 Dapps 上依據不同目的所設計的 token，而不是指 Ethereum 系統平台中「原生」的以太幣（Ether）。

這類在 Dapps 上依據不同目的所設計的 token，Ethereum 白皮書中是以「On-blockchain token systems」稱之，它本身可以就是一種對應表彰具有傳統財產價值的 token，例如代表美金、黃金等通貨的子通貨（sub-currencies）、代表股權（company stocks）、代表智慧財產權（smart property）、代表防偽優惠券（secure unforgeable coupons）等均屬之；此外，甚至可以是一種與傳統財產價值毫無關聯的（with no ties to conventional value at all）表徵，例如，作為某些激勵作用的「點數」，甚至，就是單純用來「發幣」（只要有社群接受的幣也沒有不行），這時候，甚至點數、虛幣本身就可以是一個 Dapp。

這就是先前提到的：在 Ethereum 系統平台上說到「幣」這個字時，至少，有二大類，其一指的是 Ethereum 系統平台中「原生」的以太幣（Ether）；其二指的則是架構在 Ethereum 系統平台上的 Dapps 所依據不同目的而設計的 token。後者，依各該 Dapps 所創設的目的不同，token 的功能也各有異，此時其法律屬性的認定結果也會不同。

### 3.1.3.3 為什麼會有（或需要有）Dapps 應用「幣」

先前，在介紹 Bitcoin 系統平台（Bitcoin 網路[19]）時提到，比特幣（bitcoin）是 Bitcoin 系統平台中的（伺服節點）誘因機制，是礦工協力打包區塊、維運整個網路的報酬。同理，對於各個區塊鏈網路（生態）中的鏈（底層）原生幣，

---

[19] 嚴格來說，應該要以 Bitcoin Network（網路）的概念來介紹 Bitcoin 是比較妥適的，因為 Bitcoin 網路基本上是帳本功能而不具有完整執行應用程式的功能，所以，跟一般對於平台（platform）的認知，多認為是供開發者在其上建構應用程式的理解不同。

都可以這樣理解，Ethereum 系統平台中「原生」的以太幣（Ether）也是如此。所以，不難理解為什麼會有區塊鏈系統平台（底層）的原生幣（token of blockchain）。

　　但除了區塊鏈系統平台（底層公鏈）的原生幣以外，分散式應用程式 Dapps 本身為什麼也會有 token（token on blockchain）？使用者使用分散式應用程式 Dapps，目的也是（透過智能合約）使用區塊鏈系統平台（底層，例如 Ethereum）進行交易或訊息的傳遞，那麼，為何不是使用原生幣就好（例如：Ethereum 上的 Dapps 使用 Ether 就好）？Dapps 何有發幣的必要？

　　要解釋這點，就先從 token 的原始意義以及 Dapps 的特徵（我們不用「定義」這二個字，因為 Dapps 的發展，可能無遠弗界）談起。

　　計算機科學上談到 token 這個字，在資訊安全領域、網路控制領域（例如 token bus）、編譯領域（字符序列轉換），會有不同的概念。其中，在資訊安全領域談的 token 時，其中有一種 Access token，代表近用系統的權限，是 right to access 的概念。例如，在 OAuth 協議中，使用端輸入了使用者名稱和密碼之後，伺服器經確認程序（authentication），會產出一個 token 來替代使用者名稱和密碼，token 代表對特定的網站在特定條件（例如時段、範圍）下存取特定資源的權限，所以，「token」有通行證的意味，有人翻譯為「權杖」、「令牌」、「通證」。

　　如果從「近用系統的權限」（right to access）的概念來觀察，則區塊鏈系統平台（底層）的原生幣（token of blockchain），就可以這樣子來理解：持有 Bitcoin 系統的 bitcoin，就有權可以用 Bitcoin 系統交易；持有 Ethereum 系統的 Ether，就有權可以近用 Ethereum 系統交易。其實，更精確的說，就是使用端如果沒有系統原生幣（來當對價），怎麼讓節點礦工願意挖礦而將交易打包到區塊裡。相同的，當任何人在開發分散式應用程式（Dapps），透過智能合約接取區塊鏈系統平台（底層）時，他也可以要求想使用該 Dapps 的使用者必需也取得 Dapps 近用權，這樣的比喻，應該就不難理解為什麼分散式應用程式 Dapps 本身也會有 token（token on blockchain）的設計了。

自比特幣技術的特徵論虛擬貨幣的法律特性及其相關議題

　　但，Dapps 既然是接取區塊鏈（底層的資料庫或運算資源），為何不是使用該區塊鏈系統平台（底層公鏈）的原生幣就好（例如：Ethereum 上的 Dapps 使用 Ether 就好）？這就要從 Dapps 的特徵說起。

　　所謂區塊鏈架構上的 Dapps 除了必需是運用區塊鏈技術、去中心化計算、節點獨立運作外，通常認為必須還有要以下幾個特徵：（1）開放原碼（Open Source），也就是應用軟體本身的原始碼必須公開、（2）具有自我維運的誘因（Incentive）、（3）演算法與共識機制。

　　所謂的開放原碼，意味著所有人都可以看到這個應用程式的怎麼運作的，在競爭的立場，直覺上，「公開」是有違商業常識的。但在 Dapps 的情境中，他讓所有開發者透過一定的機制共同為該 Dapps 盡力，讓程式更加完善，更受使用者青睞，使用者願意付出對價取得使用權（right to access），Dapps 軟體價值因之提升。開放原碼不必然是有違商業常識。

　　所謂的（系統）自我維運的誘因（Incentive），指的則是：Dapps 的運作既然是在區塊鏈之上，則負責運行 Dapps 的節點，總要能有適當的報酬，才有維運的動機。當然，使用原生幣當誘因，也是可以。不過，常見的作法就是 Dapps 本身（項目／project）也「發行」token（token on blockchain，以下稱 App token），設計上，就是在 Dapps 中設計能產出 token 的機制，然後把 token 給與包括創建者、開發者、節點維護者等人。藉此，讓關係人等有付出、維運 Dapps 的誘因（Incentive）。至於要如何讓這些「幣」（token on blockchain／App token）能有價值，作法就是讓 App token 變成使用 Dapps 的對價，然後創建者、開發者、節點維護者共同努力讓使用者爭相近用（access）、提高 Dapps 的市場力，此時，使用者為了近用 Dapps，則必須把他的現實世界中真正的現金拿來「換購」成 App token 這類的近用權（right to access）， App token 也因此和現實世界產生連結。即便開放原碼（Open Source），持有 App token 的（項目／project）創建者、開發者、節點維護者等人，也會因為 Dapps 本身的市場價值提升、App token 價值彰顯而獲有利益。

　　至於所謂演算法與共識機制，就是用來讓節點分散運作卻可以有一致性結

果的機制。可以想像成每個獨立運作的分散節點間，所共同遵循的運算結果的取捨依據。

　　至此，應該可以理解 Dapps 不使用原生幣（例如：Ethereum 上的 Dapps 使用 Ether）就好，而是（或至少通常是）設計（發行）Dapps 本身的 App token 的來由。也就是：（1）Dapps 的（項目／project）創建者開放原碼（Open Source）、開發者共同投入、節點參與者加入維運，是需要誘因的；（2）於是，創建者設計（發行）了 Dapps 本身的 App token 留給（分配）給自己、開發者共同投入、節點參與者；（3）然後，再把通常以限量型式存在的 App token 當作是使用者近用 Dapps 的對價（門票）；（4）最終憑藉著創建者、開發者、節點參與者共同努力讓 Dapps 受歡迎，讓 App token 因為供需關係產生現實的價值，獲得報償。所以，Dapps 都會（或至少通常會）設計（發行）Dapps 本身（項目／project）的 App token。

### 3.1.3.4「幣」本身也可能（就是）一個 Dapp

　　如前所述，為了區分區塊鏈系統平台（底層）所產出的「幣」，和架構在區塊鏈上的分散式應用程式（Dapps）為了它不同目的所設計的「幣」，本文用 token of blockchain（Native token）和 token on blockchain（App token）來區分。其中， Dapps（項目／project）本身的 App token 是用來做為執行這個 Dapps 的對價以外，也有可能存在一種情境，就是「Dapps 本身就是一種點數系統、虛幣系統」，這時候的 App token 不單單是近用權的表徵（或近用工具）而已，本身還會是一種「產品」。更直白的說，這種 Dapps 就是用來發幣的，只是這種幣，與傳統財產價值是毫無關聯的（with no ties to conventional value at all ），它能不能被接受（需求），純然是特定社群接受與否而已。

　　如果這樣的表述過於抽象，或許，我們可以回頭想想，像是大富翁遊戲裡的「錢」、傳統童玩紙牌「尪仔標」，就是與傳統財產價值毫無關聯，但在遊戲社群裡被接受、有意義的幣。或許，可以這樣說，它是一種被創造的商品。

## 3.2 理論基礎

到目前為止，所提到的，不管以存儲為主的 Bitcoin，還是因為圖靈完整性而可以具有運算能力的 Ethereum，都是公（有）鏈（Public Blockchain）。公（有）鏈上是向所有人公開的，所有人都可以近用，而所有節點伺服器是透過共識機制，共同維護具有一致性的匿名但公開的帳本，不過，為了安全、一致，卻捨棄了效率。

效率低落的問題，其實是因為繁瑣的節點驗證所致，Bitcoin、Ethereum 這類的公鏈中，不單單是打包區塊需要被驗證，連打包完的區塊是不是最終有效，還是要再被驗證，因為節點獨立且不需要任何允許（permission less）就可以隨時加入網路，所以，要能夠達到信任，就只能夠透過重複執行計算、複製、驗證，才能相應更新自身帳本狀態，這是缺乏效率的主因。

於是，開始有私有鏈（Private Blockchain）的出現。私有鏈放棄了「完全去中心化」的做法，寫入權有限制，甚至是限於建構該私有鏈的組織（公司或特定實體）本身的成員，而且，通常也限制了讀取權限。它的節點（礦工）基本上都是組織（公司或特定實體）成員，彼此間的信任是由建構該私有鏈的組織（公司或特定實體）透過一定的權責畫分建立的，節點是被組織所控制的，而不是如同公有鏈一般有完全的自由僅靠共識機制維繫。所以，減少了反覆驗證的問題。此外，因為節點基本上都是組織（公司或特定實體）成員，執行組織（公司或特定實體）內的工作，它不需要誘因、不需要發幣，即便發幣，也不會是被信任的幣，因為「有被操縱的高度風險」。這種節點之間具有高度信任、更安全，省去反覆驗證交易成本相較較低、效率相對較高。但其實除了難以篡改的好處外，其實與傳統的分散式資料庫差距不遠。私有鏈與公有鏈的另一個重要差異，則是公有鏈是「（交易發動者）匿名，但（交易訊息）公開」的（因為，交易資訊就是要發布到網路做驗證），而私有鏈可以讓「（交易訊息）公開」這件事限縮到可控制的範圍（因為節點是被組織所控制的），確保私密性。

除此（公司或特定實體組織內的私有鏈）之外，一樣的，本於效率的考量，

在不同組織（公司或特定實體）之間，也發展出所謂聯盟鏈（consortium blockchain），嚴格來說，既然也是有限去中心化、有限條件（互相信任，允許）下才可以加入節點，它其實還是私有鏈，是一種存取權限、處理資料（交易）的安排，擴大到一定範圍（聯盟參與者間）的私有鏈。這種區塊鏈中，節點間雖然還是需要有共識機制（例如 PBFT），但其之所以變成聯盟，通常是聯盟成員間有某種業務合作關係（例如：銀行間清算，也就是不同銀行之間因為進行對帳的需求而採用聯盟鏈；或者，由公正機構與業者間合作的生產履歷溯源鏈等），進而彼此協調打包記帳的義務，所以，通常也不需要誘因、不需要發幣。

　　Hyperledger project 下的 Hyperledger Fabric 就是聯盟鏈的概念。就 Hyperledger Fabric 的主要考量（構想出發點）而言，它除了試圖改善效率以外，更重要的考量是要如何讓區塊鏈適於企業使用？公有鏈的本質是公開、任意加入，這樣的特性涉及企業網路資源，也涉及私密性，所以，Fabric 建構在許可（制）的（permissioned）思考之上，採用權限管控、身分認證的作法。更重要的是，Hyperledger Fabric 是開源的，靠的是大家的貢獻與維護，減少高額的開發與維運成本，可以預期的是它可能會因為如此而形成群聚效應，之後這個底層架構的影響力值得觀察，尤其是在組織間對於公鏈資訊私密性和效率有所顧慮時。

　　由於 Fabric 是建構在許可（制）的（permissioned），所以，既然是許可制的環境下，相對的關於「信任」這件事，就可以採取比較寬鬆的模式來設計，於是，它不再是「所有」節點反覆驗證、搶著（競爭）打包區塊的模式，對於節點的算力攻擊顧慮也相對減少。

　　整體來說，它設計了成員服務提供者（Membership Service Provider，MSP）模組來確認節點的身份（identity）與權限（permissioning），這就是「許可制」；除此，為了私密性的要求，它甚至存有所謂「channel」的子網（private subnet）概念，僅容特定成員組織（經 MSP 確證、授權的）在指定的 channel 中交易；然後，它一樣是個點對點網路，節點上也部署有智能合約（但稱作 chaincode），在部署時也包括相應的背書政策（Endorsing Policy，詳後），但它把節點模組

自比特幣技術的特徵論虛擬貨幣的法律特性及其相關議題

化，分為執行工作（execute）模組的「背書節點」（endorsing Peer）、執行驗證（validate）模組的「提交節點」（committing Peer），以及作為中心協調（形成）交易排序（排序共識）的排序（order）各司其職，藉以避免「所有」節點反覆執行、反覆驗證的效率問題。

如果再進一步理解，大致而言，交易是這樣進行的：（1）使用者端先丟出交易提案（Transaction Proposal）信息，當中主要還包括了呼叫智能合約（chaincode）的參數；（2）背書節點上的智能合約（chaincode）被呼叫後開始執行交易模擬，產生交易的讀集合（readset）[20]和寫集合（writeset）[21]；（3）如上所述，智能合約（chaincode）部署時就包括了相應的背書政策（Endorsing Policy）或叫做背書共識，大致上是說交易由哪些節點執行？需要幾個背書節點執行的結果一致（相同的 readset 和 writeset）才叫做有效。當背書節點把交易模擬的結果，也就是包含 readset 和 writeset、ID、背書節點簽章等詮釋資料（metadata）的「背書」（endorsement）回傳使用者端，而使用者端確認達到背書政策（Endorsing Policy，背書共識）的要求後，由使用者端把背書節點執行結果製成包含上述詮釋資料及 Payload 的交易（transaction）後送給排序節點；（4）一定時間內，排序節點會就其收到的所有交易進行「排序」而形成共識區塊，然後發給負責驗證（validate）的「提交節點」（committing Peer）；（5）「提交節點」只需要驗證，不需要再執行。驗證的方式是評估交易（所附的背書）與背書政策是不是相符合（Endorsment Policy Evaluation）、Read-Writeset 版本是否一致（Read／Write Conflict Check），如果都沒有問題，最終則依 writeset 更新帳本。

我們可以說，區塊鏈技術的核心價值：「去中心化的信任」，在 Hyperledger Fabric 中已經變成非完全去中心化，而其信任事實上是建構在組織間的鏈下（外）信任。

---

[20] 每一次執行前所需讀取的狀態鍵值對稱為「讀集合」

[21] 執行後的產生變化的新狀態鍵值對稱為「寫集合」

# 第四章　虛擬貨幣（通貨）的法律屬性

## 4.1 何謂虛擬貨幣（通貨）

　　所謂虛擬貨幣、虛擬通貨（virtual currency），並無法律上的定義。這裡提到的虛擬貨幣、虛擬通貨（virtual currency）指的是「區塊鏈架構上的幣」，暫且不討論其他與區塊鏈技術無關，而常見於部分遊戲設計或其他中心化應用系統所發行的遊戲幣、虛寶、點數等。

　　先前，我們提到，在區塊鏈（尤其是指公鏈）的系統平台會設計有原生幣（Native token），它是用來當作使用系統平台（區塊鏈網路）的對價的；此外，透過智能合約聯繫區塊鏈系統平台的分散式應用程式（Dapps），也可能會按其不同的（項目／project）目的而設計有不同類型的幣（App token），這種幣通常表彰的是近用權（權仗）；為了區分區塊鏈系統平台（底層）所產出的「幣」，和區塊鏈中的分散式應用程式（Dapps）為了它不同目的而所設計的「幣」，本文用 token of blockchain（Native token）和 token on blockchain（App token）來區分。

　　但，在這裡還必需再進一步說明的，則是上述的區分與介紹，是在 Ethereum 系統平台或類似 Ethereum 的區塊鏈環境下的分類法。這是因為類似 Ethereum 的區塊鏈系統平台除了有存儲資料功能外，還有演算功能，它容許智能合約的佈署、操作，所以會有所謂的 Dapps 存在，而 Dapps 為了不同的項目（project）目的才設計有所謂 App token。

　　一開始，本文就提到貨幣的出現是為了作為交易的媒介，以便用來完成支付（payments）。但，這並不代表能夠做為交易媒介的，都可以被叫做貨幣。

　　一般談到貨幣的發展，固然是從實體形式到電子（數位）形式的演變。前者包括商品貨幣（commodity money）、中央銀行發行的現金（硬幣紙幣）；後者則包括中央銀行貨幣（存放中央銀行存款，central bank money）、商業銀行貨幣（存放商業銀行存款，commercial bank money）、電子貨幣（包括類如悠遊卡的卡片形式電子貨幣，以及類如第三方支付儲值帳戶的網路形式電子貨幣，electronic money）。但，除了是各國央行利用區塊鏈架構發行的，而以法償貨幣計價之虛擬通貨外，同樣是以電子（數位）形式存在的「區塊鏈架構上的幣」，卻沒能被各國央行體系普遍承認為貨幣。即便，中本聰把 bitcoin 稱為 cash、currency；即便，現實世界裡也確實有人把它當做是交易的媒介。

　　傳統上稱為「通貨」（currency）的，指的是政府發行的紙幣與硬幣而言（非政府發行的商品貨幣，如貝殼、珍珠、金幣、銀幣等，都不算是通貨），之所以如此，是因為要稱之為貨幣，或者更精確的說，要被稱之為「被普遍信任」的貨幣（普遍信任才能普遍流通），它至少必須能扮演下列三大功能：（1）交換媒介（medium of exchange）：也就是可以作為財貨與服務交易雙方所普遍共同同意的支付工具；（2）價值標準（standard of value）：具有作為財貨與服務交易的雙方所普遍認同的計價單位（unit of account），以求交換比率計算之明確與效率；（3）價值儲藏（store of value）：持有貨幣不必然是當下有收支需求，所謂的儲藏指的是「購買力」的暫時存放的意思，即便持有當下沒有收支需求，也能夠用來做未來交易之用。

　　所以，即便，現實世界裡確實有人把「區塊鏈架構上的幣」當做是交易的媒介，但顯然的，（一旦脫離了特定社群）它欠缺了普遍價值標準的特徵，而且，暴漲暴跌的現實狀況（BIS 的研究甚至認為虛擬通貨之運作大量依賴的是系統技術本身，如果系統有設計上瑕疵或根本是當前技術本質面的瑕疵，該機制可能瓦解而使其價值歸零[22]），正是反映出它不具有價值（購買力）儲藏的功能。因此，國際（貨幣）機構考量其不具完整的貨幣功能，已陸續以加密資產

---

[22] *See* Cryptocurrencies: looking beyond the hype, BIS Annual Economic Report (17 June 2018), https://www.bis.org/publ/arpdf/ar2018e5.pdf

（crypto asset）一詞代替。[23]在此，本文考量，一般（非專業）情境下的多數人還是習慣以虛擬貨幣（通貨）來稱呼「區塊鏈架構上的幣」，甚至近來 BIS 所用的 Cryptocurrencies 一詞，也還是用到「通貨」（currencies）的字眼，所以，暫且還是以虛擬貨幣（通貨）稱之。但於此仍必須強調，它跟真正的貨幣（通貨）還是有所不同的。

## 4.2 虛擬貨幣（通貨）的法律屬性

　　虛擬貨幣不是嚴格意義的貨幣，不具法償效力，傳統貨幣制度所建立的信任機制仍有其優勢，故在普遍流通的貨幣經濟體系中，（國家，央行）或許還不需即刻面對其可能產生的衝擊。但，它也不是就真的只是「虛擬」的而已，反之，只要不是空氣幣（詳後介紹），它通常還是具有一定的資產（assset）地位，只是客觀價值通常難以衡量而已。由此面向觀察，既然涉及「資產」、「價值」這些敏感的財產權概念，隨著虛擬貨幣的發展，就無法避免需要處理它在現實社會所衍生的法律關係，而處理法律關係的前提就是要釐清虛擬貨幣的法律屬性。

　　要對虛擬貨幣（通貨）做法律上的屬性說明，不能脫離技術的觀察。很難想像的，如果對於「區塊鏈架構上的幣」如何而來？為何而生？都沒能有最低的理解，要如何知道「區塊鏈架構上的幣」代表的又是甚麼，並進而做出法律上的法律屬性認定？

　　關於一些國家央行（當然包括我國央行）認為虛擬通貨是「類似」於投機資產或商品的說法，其實，都難免是種價值預判的結果。此外，也不少說法，認為「虛擬貨幣（通貨）無法可管」、「監理虛擬貨幣（通貨）是妨礙新創」等等，其實也都是以偏概全。

---

[23] 參考歐洲央行說法：http://www.ecb.europa.eu/press/key/date/2018/html/ecb.sp180208.en.html，以及 G20 財長及央行公報：http://www.g20.org/en/news/communique-first-g20-meeting-finance-ministers-and-central-bank-governors-2018。

本文之所以花了很大的篇幅，試圖用最白話、用技術術語成分最低的方式，來介紹 Bitcoin 系統平台（Bitcoin 網路）、比特幣（bitcoin）、Ethereum 系統平台、以太幣（Ether）、分散式應用程式（Dapps）、智能合約（Smart Contract），甚至公鏈、私鏈，乃至於堪稱許可制架構代表的超級帳本系統（Hyperledger Fabric）等等區塊鏈技術發展脈絡，就是希望理清「區塊鏈架構上的幣」與區塊鏈技術間的關係，並就其具體應用模式（情境）來尋求較為精確的法律上屬性的認定。

首先，我們先把所謂虛擬通貨是（或「類似」是）投機資產或商品的說法放一邊，本文寧可中性地說，它是種加密資產（crypto asset）。再來，回到先前介紹的區塊鏈的概念，重新理解虛擬貨幣（「區塊鏈架構上的幣」）的分類，以及它所被創設的目的與用途來觀察，藉以進一步來說明它應該有或應該被考量的法律屬性認定。

## 4.2.1 分類與用途

前文，我們試著從技術面的認知，來說明原生幣（Token of blockchain／Native token）以及應用幣（Token on blockchain／App token）的來由。以下說明則將延續這樣的分類。

一般而言，在公有鏈上才會有討論幣的必要。因為，私有鏈或聯盟鏈的情境下，節點可以說是被組織或組織聯盟所指定（或依照一定規則安排）的，這些安排當中，通常也包含節點工作的報酬等，所以它所需要給節點的工作誘因，不太需要用原生幣來處理；此外，在私有鏈或聯盟鏈的情境下，因為是在非完全去中心化的生態中，存有被操縱的高度風險下，發行應用幣也不可期。

### 4.2.1.1 原生幣（Token of blockchain／Native token）的用途

從 Bitcoin 一文中，我們可以理解比特幣（bitcoin）是用來作為礦工的挖礦誘因的，而且，除了初始啟動 Bitcoin 系統平台（Bitcoin 網路）的那 50 個 bitcoin 以外，預設的獎勵是依每 4 年減半的方式由系統產出給礦工，（目前，2020 年，是 12.5 個比特幣），嚴格來說 Bitcoin 系統沒有「發行」bitcoin（比特幣），

bitcoin 是 Bitcoin 系統設定產出的，而且是在礦工挖礦後產出的。礦工的獎勵除了來自系統以外，如果系統的使用者持有因為挖礦產出而流通（於生態內）的比特幣時，也可以在匯款（交易）時，承諾願意給礦工抽取的「手續費」，讓礦工更有誘因盡快處裡自己的交易。再則，從 Ethereum 的白皮書，我們也可以看到它是用 Gas、Fuel 來稱呼以太幣（Ether）的，性質上，對使用者而言，是使用 Ethereum 的對價，可以想像成「燃料給的越多，這機械運作越快」，也就是說，給礦工的誘因越大，交易可能被更積極的驗證、打包。這種（類）原生幣的用途，「大致上」可以簡單的這樣理解：對使用者（端）來說，就是近用系統平台的對價；對礦工來說，就是獎勵；對系統來說，則是為了維運系統平台所創造的誘因，不管它是來自於系統建置期初發行的或是來自於挖礦。

## 4.2.1.2 應用幣（Token on blockchain, App token）的用途

就用以太坊為例，如前所述，在以太坊（Ethereum）系統平台中，Dapps 透過智能合約聯繫（拜訪）區塊鏈，而節點內的以太虛擬機（Ethereum Virtual Machine，EVM）則執行那些智能合約部署在區塊中的 bytecode 以進行運算、回應。所以，使用者端的「使用行為」，其是包括了使用 Dapps 以及使用 Ethereum 公鏈。

這種方式的「使用」，如果要說是對價，則大可由使用者把以太幣（Ether）當作對價就好，我們可以想像成：使用者端支付 Dapps 以太幣（Ether），而由 Dapps（把使用 Dapps 的對價餘額）以「代理」人地位向以太坊（Ethereum）系統支付平台「燃料」費。所以，Dapps 創建者本身，不是必然需要發行所謂的應用幣（Token on blockchain／App token）的。

但，如前所述之緣由，Dapps 創建者本身多數發行了應用幣來分配給創建者、開發者、節點維護者等人，並用以表彰近用權（right to access），然後藉由創建者、開發者、節點維護者等人共同努力提高 Dapps 的市場力，吸引使用者端近用，利用有限（限量）App token 的供需關係，創造 App token 本身的價值。這就是近用權（right to access）性質的 App tokcn。例如，Dapps 做為去中心化遊戲時所發行的遊戲幣。

再者，除了上述近用型代幣以外，Dapps 本身也可以就是設計用來發幣的，而不單單只是近用的概念（用途）而已。換句話說，它本身就是以發幣系統的形式來存在（這裡的「系統」指的是一套「關係」，至於這關係如何對應現實世界的規範，則詳後說明）。關於這種情境，我們可以用以太坊的 2015 白皮書（「新一代智能合約與去中心化應用軟體平台」，A Next-Generation Smart Contract and Decentralized Application Platform）為例。它提到所謂的代幣系統（Token Systems）的應用，也至少可以理解成三種：其一，表彰某種有形資產（如金、銀）的「子通貨代幣」（sub-currencies representing assets）；其二，代表某種無形權利，包括公司股票（股權）、個人智能資產、防偽優惠券（或票券）等「權利代幣」；其三，甚至可以是完全與通常價值無關的「非常規性代幣」（token systems with no ties to conventional value at all）。如果再對應以太坊的 2015 白皮書中就 Dapps 所區分的三種類別：包括金融類應用程式（financial applications）、半金融應用程式（Semi-financial applications）、完全無涉及金錢的應用程式（non-monetary side）等，則可以說「子通貨代幣」、「權利代幣」常常與第一、二類應用程式中結合（程式本身設計在為一體或並存而連動執行），「非常規性代幣」多和第三類應用程式有關。

以上的「子通貨代幣」，是貨真價實地具有金錢價值的，是對應於某種商品貨幣或法定貨幣，而可用來做交易支付工具的；至於「權利代幣」則用來表彰持有人的某種債權或物權（例如禮券、股權、不動產證券化憑證等）；而「非常規性代幣」通常只在發行者指定的情境下可使用（例如：投票）。

### 4.2.1.3 虛擬貨幣種類及用途表解

如前所述，這裡提到的虛擬貨幣、虛擬通貨（virtual currency），就是指「區塊鏈架構上的幣」。綜合以上對於原生幣及應用幣的介紹，可以整理如下表以為說明。

**表 2　虛擬貨幣在不同區塊鏈架構上的種類與用途[24]**

| 虛擬貨幣「區塊鏈架構上的幣」 | | | | |
|---|---|---|---|---|
| 系統平台分類 | Bitcoin 系統平台 | | Ethereum 系統平台（及類 Ethereum 公鏈） | |
| | 幣的種類 | 用途 | 幣的種類 | 用途 |
| token of blockchain（Native token） | 比特幣（bitcoin） | 誘因：分配給礦工的報償、使用系統平台的對價（手續費） | 以太幣（Ether）、其他原生幣 | 誘因：分配給礦工的報償、使用系統平台的對價（燃料） |
| token on blockchain（App token） | N/A[25] | N/A | 近用代幣（Access Token） | 誘因：分配給創建者、開發者、維運者的報償。使用 Dapp 的對價 |
| | | | 子通貨代幣 | 支付 |
| | N/A | N/A | 權利（表彰）代幣 | 各種權利的個別憑證 |
| | N/A | N/A | 非常規性代幣 | 與傳統「價值」無關，依 |

---

[24] 本研究自行整理

[25] Bitcoin 一文，主要是建構並驗證一個可以透過密碼學的應用，在點對點的網路環境中進行去中心化交易的現金系統。文章中所提到的 electronic coin 是系統預設產出給打包區塊，維運帳本(挖礦)的節點(礦工)的，是系統設定的誘因。在 Bitcoin 架構中，帳本比較是靜態資料庫的概念，主要是存儲的功能，這和 Ethereum 系統平台進一步做到圖靈完整而可以運作智能合約和分散式應用程式有所不同。因此，可以說，因為應用較為狹隘，在 Bitcoin 系統平台架構上，除了原生幣不會有 Dapps Token.

| | | | | 發行者指定的情境使用 |
|---|---|---|---|---|
| | | | | |

## 4.2.2 白皮書的重要性

這裡所謂的白皮書，可以理解成系統平台創建者或者是應用軟體創建者用來說明技術（或解決方案）的報告或論文。

大致上，系統平台創建者主要透過白皮書來說明底層架構，至少會包括交易、演算法、交易執行程序、區塊構成、共識機制、挖礦、原生幣、延伸應用等；應用軟體創建者則主要透過白皮書來說明該 Dapp 的技術內涵，通常至少[26]包括待解決（擬處理）的問題、Dapp（提出）的解決方案、Dapp 原始碼、系統架構、生態、應用幣（發行、分配及用途）、團隊、技術發展路徑（development roadmap）、風險與免責聲明等。

換句話說，不管是原生幣或是應用幣，基本上都可以在白皮書找到它與系統平台或應用程式的關聯，包含發行（產出）政策、用途等；同時，也可以透過原始碼的開源，確認白皮書的文字所敘述的系統平台或應用程式的運作架構是否與原始碼所呈現的狀態一致。所以，要瞭解虛擬貨幣（不管是原生幣或是應用幣）到底是甚麼東西，基本上不應該跳脫白皮書與原始碼來觀察。

以現實狀態來說，之所以一再發生虛擬貨幣詐欺、吸金（詳後）等等爭議，則正是因為所謂的「投資人」根本未能理解上述關係，甚至，即便能理解上述關係也從來不關心白皮書如何記載？有無記載？更別討論有沒有能力勾稽原始碼與白皮書來所述的技術內涵、解決方案是否一致，遑論期待「投資人」「社群」討論「發幣」的系統平台或應用程式能不能解決（擬處理）的問題。

就結論而言，如果要抽象的對虛擬貨幣（不管是原生幣或是應用幣）做分類，並不是難事；不過，如果要精確地對虛擬貨幣（不管是原生幣或是應用幣）

---

[26] 馬爾他的 Virtual Financial Assets Act 甚至對於白皮書必須要揭露哪些內容，做有強制的規定。

做法律上的屬性認定，就不能免去檢視對白皮書（尤其是原始碼）。如果沒認清虛擬貨幣的面貌，則如同上述投資人盲目投資而發生爭議乙事還算事小，最怕的是如果連法律上的屬性認定工作，都脫離了白皮書（尤其是原始碼），那後果實難想像。

## 4.2.3 法律屬性的認定

在討論虛擬貨幣的法律屬性之前，我們還是要再次強調，虛擬貨幣和區塊鏈技術基本上是不同的東西，只是相干而已；虛擬貨幣是區塊鏈上的產物（或應用），但不見得區塊鏈技術的應用都必然會牽涉「發」幣。所以，試圖對虛擬貨幣做出法律屬性認定，甚至進而管理或監理，並無關是否妨礙技術創新。

又，如前所述，真正要具體地、精確地對某一種虛擬貨幣（不管是原生幣或是應用幣）做法律屬性認定，是有絕對的必要，去充分地理解與它相關的白皮書（尤其是原始碼）的。因此，這裡所說的法律屬性的認定，嚴格說，應該只能算是提出一些判斷原則或方向而已。[27]

### 4.2.3.1 虛擬貨幣是電磁紀錄

我國民法採取權利主體、權利客體二元論，認為僅有「自然人」及法律上擬制具有法人格之「法人」為權利主體，其餘「動產」及「不動產」則均屬「物」，為權利客體。

法律行為的客體在傳統社會固指有體物之動產、不動產，惟隨著科技之發展及交易之多元化法律行為的客體已包含權利或無體物。[28]

再，參照刑法第 10 條第 6 項，稱電磁紀錄者，謂以電子、磁性、光學或

---

[27] 業界常聽到有一些說法，認為 ERC-20 protocol 代幣都是工具型代幣，但這說法並不正確。代幣的性質還是必須回到個別案例判斷，不是概以基礎技術區分。美國 SEC 在 EtherDelta 案中，即檢視所有平台上被交易的 ERC-20，認定其中包括聯邦證券法所定義的證券型代幣。SEC Charges EtherDelta Founder With Operating an Unregistered Exchange, See https://www.sec.gov/litigation/admin/2018/34-84553.pdf

[28] 最高法院 93 年台上字第 6454 號刑事判決、93 年台上字第 5168 號刑事判決、最高法院 93 年台上字第 4180 號刑事判決等參照

其他相類之方式所製成,而供電腦處理之紀錄。不論虛擬貨幣是系統平台(設計上)產出的,或是應用程式創建者(項目)發行的,都是供由電腦處理的,故虛擬貨幣本身就是電磁紀錄的一種,而我國司法實務亦向來認為電磁紀錄為無體物。[29]故,虛擬貨幣本身為無體物。

### 4.2.3.2 虛擬貨幣的用途決定其屬性

虛擬貨幣本身為無體物、是電磁紀錄,但從其所由生之技術架構說明(即系統平台或應用程式白皮書及原始碼)來分析,仍可以掌握其「供電腦處理」後實際之結果(產出╱out put),並進而確定虛擬貨幣(無體物)所表徵的是怎樣的一個關係。本文認為,虛擬貨幣的屬性不是單一更不是絕對,應該要從虛擬貨幣的用途(電腦處理後的產出)來認定虛擬貨幣的屬性。

關於虛擬貨幣的屬性受到討論,與過去幾年 ICO(Initial Coin Offering,詳後)的風潮有相當大的關係。事實上,更精確的說法應該是因為 ICO 風潮帶動的「投資風向」衍生諸多詐騙爭議,才使得傳統法律界意識到虛擬貨幣屬性界定的問題,不然,虛擬貨幣在特定社群或系統生態圈內的流動(交易),一直都在。因為 ICO 爭議引發重視,於是,一些國家在法制上試圖進行管制或監理,進而陸續提出「代幣分類」。這種「代幣分類」的做法,其實正足以支持本文上述主張應「以用途(電腦處理電磁紀錄後的產出)來認定屬性」的邏輯。

以瑞士金融市場監理局(Financial Market Supervisory Authority,FINMA)發布 ICO 規範指引[30]為例,FINMA 的指引就是依據 token 的功能(用途)以及移轉性(流通性)來做分類的(The key factors are the underlying purpose of the tokens and whether they are already tradeable or transferable)。FINMA 的指引指出,在瑞士或國際上並不存在有公認的代幣分類,而指引本身則試著出分出三種類型(當然,也承認可能存在有其他混合型的 token),包括:

(1)支付型代幣(payment tokens),也就是等義於(synonymous with)cryptocurrencies,除作為支付工具以外,與 Dapps 的項目發展不存在有任何關

---

[29] 最高法院 93 年台非字第 184 號刑事判決

[30] *See* Guidelines for enquiries regarding the regulatory framework for initial coin offerings(ICOs),FINMA.

連；

　　（2）工具型代幣（utility tokens），也就是用以近用（access）應用程序或系統平台服務的代幣；

　　（3）資產型代幣（asset tokens），也就是某些實體資產的表徵（participations in real physical underlyings），例如股份、收益、股息分紅、利息等，經濟性質上類同（analogous to）股票，債券或衍生性商品。

　　另外，馬爾他為了規範 ICO（Initial Virtual Financial Assets Offering，IVFAO），制定有 The Malta Digital Innovation Authority Act(MDIA)、[31]Innovative Technology Arrangements and Services Act（TAS）、[32]Virtual Financial Assets Act（VFAA）[33]三法的立法。其中，Virtual Financial Assets Act 中，把虛擬貨幣也就是加密通貨（cryptocurrency）分為四類，[34]包括：

　　（1）僅限於使用在發行它的分散式帳本系統平台，以獲取平台所提供之商品或服務的 Virtual Token。這類的 token 在系統平台以外是沒有效用與價值的；

　　（2）本身就是一種 Financial Instrument 的加密通貨，此時應受歐盟 Market in Financial Instruments Directive 管理；

　　（3）以電子方式存儲的貨幣價值的電子貨幣（Electronic Money）；

[31] *See* Chapter 591 MALTA DIGITAL INNOVATION AUTHORITY ACT (15th July, 2018), http://www.justiceservices.gov.mt/DownloadDocument.aspx?app=lom&itemid=12873&l=1 (last visited at 2021/1/27)

[32] *See* Chapter 592 INNOVATIVE TECHNOLOGY ARRANGEMENTS AND SERVICES ACT, http://www.justiceservices.gov.mt/DownloadDocument.aspx?app=lom&itemid=12874&l=1 (last visited at 2021/1/27)

[33] *See* Chapter 590 VIRTUAL FINANCIAL ASSETS ACT (1st November, 2018), http://www.justiceservices.gov.mt/DownloadDocument.aspx?app=lom&itemid=12872&l=1 (last visited at 2021/1/27)

[34] 依據 Article 47 of the Virtual Financial Assets Act (VFA Act),馬爾他的有價證券主管機關（Malta Financial Services Authority，MFSA）有制定分類認定（Guidance Note to the Financial Instrument Test）。*See* https://www.mfsa.com.mt/pages/readfile.aspx?f=/Files/LegislationRegulation/regulation/VF%20Framework/20180724_GuidanceFITest.pdf (last visited at 2021/1/27)

（4）不屬於上述三類型的加密通貨均屬之，都是適用 VFAA 法管理的 Virtual Financial Asset。

在新加坡，一般用數字資產（Digital Asset）來稱呼（區塊鏈上的、也就是分散式帳本技術下的）虛擬貨幣，數字資產是比較廣義的概念。新加坡在 2019 年 2 月制定了支付法（The Payment Services Act），[35]其中一個目的就是用來補充傳統證券和期貨法案（Securities and Futures Act，SFA）對於分佈式帳本技術（DLT）和數字資產（Digital Asset）的監管，而這個立法的管制架構所反應的，則是過去新加坡金融管理局（Monetary Authority of Singapore，MAS）對於數字資產所進行的分類的概念。金融管理局（MAS）對於數字資產所進行的分類認為，數字資產可分為：

（1）工具型代幣（utility tokens），指的是在區塊鏈技術下，用來作為計算服務的支付對價（payment for computing services）；

（2）證券型代幣（security tokens），指的是具有有價證券特性的 token；

（3）支付型代幣（payment token），則是用來做支付工具，並把漸被接受為支付工具的比特幣歸於此類。

在立法後，新加坡的管理分為二個支脈，其中關於證券型代幣歸證券和期貨法案（SFA）監管，而支付型代幣由支付法（The Payment Services Act）監理，對於「純然」的（不用於鏈外服務之支付的）工具型代幣，則未打算予以監理。新加坡的分類其實與 FINMA 所發布的 ICO 規範指引中的類型化作法很像。

至於美國，主要是由 SEC 一連串的調查與宣示（性質上不是法規，只是主管機關表達之監理立場與態度）構成其監理「趨勢」。嚴格來說，並沒有區分所謂工具型代幣與支付型代幣。美國面對虛擬貨幣的態度，大致認為這類「商品」的爭議處理不外乎就是構不構成詐欺或者是不是違法募集資金。所以在美

---

[35] *See* REPUBLIC OF SINGAPORE GOVERNMENT GAZETTE ACTS SUPPLEMENT, https://sso.agc.gov.sg/Acts-Supp/2-2019/Published/20190220?DocDate=20190220。該法是為了整合 1979 年的貨幣兌換和匯款業務法以及 2006 年的支付系統監督法，主要將所有支付服務，包括虛擬貨幣（數字資產 Digital Asset）統一納管，不同支付服務業者依照其提供業務內容，向新加坡金融管理局（MAS）申請不同營業執照。

國監管架構是著眼於「證券」管理，所以，只會有證券型代幣和非證券型代幣的分別。所謂非證券型代幣則一般會以工具型代幣稱之，而支付工具也是種工具，因此沒有特別存有所謂支付型代幣之分類必要。

　　就證券交易法上的分析而言，美國證券交易法上對於投資契約（Investment Contract）是用證券交易法來管理的，所謂 Howey test[36]是用來判斷什麼是投資契約。如果虛擬貨幣發行、購買被認為投資契約，則將受證券交易法規範。Howey test 認為投資契約所具備的三個要件（prong of the Howey test）包括：

　　（1）投資金錢（The Investment of Money），這裡的金錢不限於法定貨幣，概念擴張及於任何對價（consideration）；

　　（2）共營事業（Common Enterprise），這裡所稱的「共營」，如果更精確的說，應該指的是「（盈虧）利益與共」的概念；

　　（3）合理的預期可以從他人的努力中獲取利益（Reasonable Expectation of Profits Derived from Efforts of Others）。

　　SEC 早在 DAO Report of Investigation[37]中適用 Howey test 來決定虛擬貨幣的屬性。近期，SEC 所屬的創新和金融技術戰略中心（Strategic Hub for Innovation and Financial Technology，Finhub），則在 Framework for "Investment Contract" Analysis of Digital Assets[38]中，再次宣示用 Howey test 來決定虛擬貨幣（美國以

---

[36] SEC v. W.J. Howey Co., 328 U.S. 293 (1946) ("Howey"). *See also* United Housing Found., Inc. v. Forman, 421 U.S. 837 (1975) ("Forman"); Tcherepnin v. Knight, 389 U.S. 332 (1967) ("Tcherepnin"); SEC v. C. M. Joiner Leasing Corp., 320 U.S. 344 (1943) ("Joiner") SEC v. Shavers, No. 4:13-CV-416, 2014 WL 4652121, at *1 (E.D. Tex. Sept. 18, 2014)

[37] 關於 DAO 代幣（DAO Token）的爭議，大致是 Christoph Jentzsch 等人，以 Slock.it 公司為平台，參與者可透過以太幣（ETH）購買 DAO 代幣，平台取得的 ETH 則做為投資基金。然後 DAO 代幣持有人取得參與篩選（投票）擇定投資標的與分紅的權利。在此架構下，Slock.it 公司於 2016 年 4 月 30 日起向公眾進行募集，發行結束時約發行了 11.5 億個 DAO 代幣，取得換算約當為 1.5 億美元資金的 1200 萬個以太幣。美國證券交易委員會（SEC）於 2017 年 7 月 25 日發布了針對 The DAO 的調查報告（以下簡稱「報告」），認定 DAO 的購買是投資契約，DAO 代幣是有價證券，重申美國聯邦證券法第 5(a)和 5(c) 條皆禁止未經註冊之證券為跨州發行、募集或買賣之行為。參 Report of Investigation Pursuant to Section 21(a) of the Securities Exchange Act of 1934: The DAO III. Discussion A: Section 5 of the Securities Act,Release No. 81207 / July 25, 2017,SEC

[38] *See* Framework for "Investment Contract" Analysis of Digital Assets, SEC,

Digital Assets 概稱之[39]）是否為有價證券，而應受證券交易法管理。換句話說，只要虛擬貨幣是用來募資的，而投資人藉由持有虛擬貨幣參與項目社群，而期待自他人的努力（正是區塊鏈的開源、共識維運特性）取得利益，這類虛擬貨幣就不是單純的工具型代幣（utility tokens），而是證券型代幣（security tokens）。值得重視的是，在 Framework for "Investment Contract" Analysis of Digital Assets 中，就過去 Howey test 中最抽象的「從他人的努力中獲取利益」要件，具體的例示幾個（反面）觀察面向如下。但必須注意的是，這些都只是實務上通常做為判斷標準的數端而已，不是絕對的法定準則，FinHub 清楚表示即便都完全合乎下述判準，也只是不太可能（are less likely to be）落入應受證券交易法所監理的「投資契約」（investment contracts）範圍而已。這些例示判準包括：

（1）系統平台本身（The distributed ledger network）和虛擬貨幣（digital asset）系統已經完整開發而可以運作（fully developed and operational）。換句話說，如果是開發中的系統平台或只是應用程式所發行的虛擬貨幣，如何能為持有人（holders）提供商品或服務？

（2）持有人（holders）可以立即按照預定的功能使用虛擬貨幣，由其是虛擬貨幣是用來當獎勵誘因（built-in incentives）時，持有者要能夠立即使用虛擬貨幣取得預設的（服務或商品）獎勵。

（3）虛擬貨幣本身的創建及結構是用來滿足使用者的需求的，而不是用系統平台（或應用程式）的未來發展價值做投機操作。例如，虛擬貨幣只能在內網使用，而且其取得、轉讓之數量與金額要與購買者預期使用範圍愈相符，也就是不會或應該避免誘使投機性囤貨。

（4）虛擬貨幣的價值升值的前景應該是有限的。例如，在設計上規定其價值將保持不變，甚至會隨著時間的推移而降低，如此一來合理的購買者就不會有將虛擬貨幣的長期發展作為投資期望。

---

https://www.sec.gov/corpfin/framework-investment-contract-analysis-digital-assets

[39] Finhub 對於數位資產（digital asset）的定義，是指利用分散式帳本技術（distributed ledger）或區塊鏈（blockchain）發行（issued）或移轉（transferred）的資產，其稱乎包括但不限於"virtual currencies," "coins," and "tokens."就是本文中概以虛擬貨幣或「區塊鏈上的幣」所稱乎者。

（5）對於被稱為 virtual currency 的虛擬資產（也就是本文分類中所稱的「支付型代幣」），則必須是可以立即用於在各種情況下進行付款，或作為真實（或法定）貨幣替代品的。也就是說，在使用稱為 virtual currency 的虛擬資產支付時，不需要轉（兌）換成其它虛擬貨幣或是真實（或法定）貨幣，而且，具有價值存儲（as a store of value）供未來使用（at a later time）之功能。

（6）如果聲稱虛擬貨幣所代表的，是種取得產品或服務的權利時，則必須是真的可以在當下（currently），從已經完成開發的網路中取得（產品或服務）。而且，還需要斟酌虛擬貨幣的價格使它可以兌換或交換的特定商品或服務的市場價格之間的關係（對應於商品或服務之價格，虛擬貨幣是不是「折價」發行）、虛擬貨幣增量（發行）時會不會影響持有意願（消費意圖與投資或投機目的關聯）、在網路上透過虛擬貨幣取得所代表的產品或服務是不是更有效率。

（7）虛擬貨幣價值升值而產生的任何經濟利益，都是附帶於虛擬貨幣預期功能的價值。換句話說，虛擬貨幣如果有所謂升值，則其反映的，應該是透過虛擬貨幣使用（obtaining the right to use）系統平台或應用程式的這件事的價值有所提升。

（8）營銷虛擬貨幣價時，應該是強調它的功能，而不是它市場價值增加的潛力。

（9）潛在購買者能夠使用網路並使用（或已使用）虛擬貨幣實現其預期功能。

（10）對虛擬貨幣的可轉讓性做有與其用途一致的限制，而不有利於投機市場。也就是說，設計上最好只開放為出讓（售）方對有取得系統平台或應用程式特定（預期）用途需要的受讓方移轉。最保守的，甚至設計成不可轉讓。

（11）即便有次級市場（secondary market），虛擬貨幣的移轉也僅限於由平臺使用者在平臺使用者間移轉。而且，FinHub 甚至特別提到，如果虛擬貨幣的創建方及其生態協力（參與）者，刻意提高價值、促進次級市場交易，都可能使發行虛擬貨幣（的發行）落入應受證券交易法所監埋的「投資契約」（investment contracts）範圍。

### 4.2.3.3 虛擬貨幣的屬性分類

綜合以上觀察，我們可以就虛擬貨幣作出如下的屬性分類：

（1）支付型代幣：

被創設用來作為交易媒介，而具有高「貨幣性」（高度被使用及接受作為獲取貨品及服務之交易媒介而替代傳統貨幣功能）的支付工具。如果法定貨幣是利用區塊鏈技術架構為之，而以 token 形式存在，或者，將實體金錢等利用區塊鏈技術架構分割成子通貨 token，都屬於這類型。此類 token 的性質（屬性）其實就是貨幣，以加密數位形式存在而已，如果參照以太坊白皮書關於代幣系統（token systems）的例示，就是白皮書所說的「子通貨代幣」。當中，如屬於各國央行發行的，就會是數位型式的法定貨幣，且通常具有完全法償效力；至於不具法定貨幣發行權的 Dapps 或許可能基於某些目的，而將實體金錢等利用區塊鏈技術架構分割成子通貨代幣時，它是否能被使用及接受，而足以稱為支付型 token 則視具體狀況決之。這種情況下，通常區塊鏈技術多僅是提供作為帳本（清算資料庫）而已。

不過，關於虛擬貨幣的分類並不是法律所規定的，因此，不乏認為具有支付功能的代幣，不限定於「高貨幣性」（高度被使用及接受作為獲取貨品及服務之交易媒介而替代傳統貨幣功能）者，都應畫入支付型代幣（payment token）之範圍。這種說法，最常舉的例子，就是比特幣。

就此，值得注意的是，在 Helix 平台案中，美國司法部起訴平台無照經營匯款業務（unlicensed money transmitting business），並扣押 160 個比特幣，被告提出的抗辯則是爭執比特幣不是貨幣（money），並要求發還扣案的比特幣。2020 年 7 月 24 日華盛頓哥倫比亞特區的地方法院則判認為比特幣是交易媒介（a medium of exchange）、是支付工具（method of payment）而且具有存儲價值（store of value）所以包含在「通常定義」的金錢概念之中，而資金傳遞法（District of Columbia's Money Transmitters Act，MTA）對於金錢的定義則與「通常定義」無異（the ordinary meaning of money covers bitcoin and the MTA adopts that ordinary Meaning），virtual currency 轉帳也是金錢（money）轉帳。

40 （本文並不認同，因為就技術上而言，比特幣的初始功能就是鏈上的工具型代幣，是因為之後的市場上的發展，變成支付工具。但嚴格來說，這種交易，充其量只是「以物易物」、商品貨幣的概念。詳後）

（2）工具型代幣：

這類 token 離開（脫離）了其所由而生的系統平台或應用程式時，就「甚麼都不是」了。它的用途是分配給礦工的報償、使用系統平台的對價（手續費）、分配給 Dapps（項目）創建者、開發者、維運者的報償、使用 Dapp 的對價，也可能只是為 Dapps 指定情境來使用的工具（如投票等）。此類 token 的性質（屬性）是系統平台或應用程式生態圈內的「近用權」，是對應一種請求權（債權）。如果參照以太坊白皮書關於代幣系統（token systems）的例示，就是以太坊白皮書所說的「近用代幣」、「非常規性代幣」，或是系統平台的原生幣。

（3）有價證券型代幣：

這類 token 的發行、交易，是建立在與實際實物或現實權利聯繫的基礎上，它的性質（屬性）是證券。如果參照以太坊白皮書關於代幣系統（token systems）的例示，就是以太坊白皮書所說的「權利（表彰）代幣」

所以，虛擬貨幣(「區塊鏈架構上的幣」)的法律上屬性為何，大至有以上幾種可能，當然，也可能混合各種類型存在或介於各類型之間，而且，可能因為「市場」的現實，導致虛擬貨幣的分類界線模糊，例如，在比特幣出現初始，不過是作為鏈上工具的工具型代幣，誰會想像到（如今）在某些國家它會被認同具有部分法償效力而成為類貨幣？甚至，「易其本性」而被歸類為支付型代幣。

此外，新加坡雖然原則上不監管所謂工具型代幣，但在支付法（The Payment Services Act）中卻又表示對於已經實質上具有支付工具性質的工具型代幣還是納入支付法管理，如此一來，一些虛擬貨幣一旦因為市場發展或技術發展而跨鏈或跨虛實（超出「鏈上生態範圍」）而被支付使用時，都將納管。因此，用

---

40　*See*　https://www.courtlistener.com/recap/gov.uscourts.dcd.213319/gov.uscourts.dcd.213319.59.0.pdf （last visited 2021/1/27）

「商品」稱呼它，其實過於簡化。它可能就是一種實實在在的錢，是有法償效力的通貨的表徵（例如：架構在區塊鏈技術上的非傳統式電子錢[41]），甚至，是應受高度監理的有價證券（尤其是涉及發行 token 公開募集資金、吸收游資的情境）。

## 4.3 穩定幣（Stablecoin）

如前所述，貨幣原本就是為了作為交易媒介而存在，所以，除了必須具有價值衡量（尺度、計算單位）與流通的功能以外，通常也必須要有「穩定的」交換能力。所謂的「穩定的」交換能力，則是常常聽到的「價值存儲的功能」。更具體的說，貨幣必須能夠穩定地「存」著未來的「購買力」、「交換能力」，否則不會有人願意接受可能隨時暴跌的交易媒介。所謂的虛擬貨幣正是因為無法完全滿足貨幣的三（或四）大功能（價值標準、交易媒介、價值儲藏即延期支付），因此，各國央行幾乎都不認為適合以通貨、貨幣稱之，相對的，多以加密資產的稱呼來替代。

暴跌、暴漲的本質，可以說是虛擬貨幣難以普遍地被接受作為支付媒介的關鍵。除了因為是要作為支付媒介，因此需要有「穩定的」交換能力以外，如果以投資的角度來看，也是如此。否則，所謂的投資，將因為面對無可預期的未明風險，而變得與射倖無異。

我們想想，要穩定、要信心，那為何不回到法定貨幣的世界就好；又或者，要避免風險，則除了有近用區塊鏈系統平台或 Dapps 的需求，而不得不取得工具型代幣以外，何不乾脆不去碰觸支付型代幣或證券型代幣。但如此一來，虛擬「貨幣」的需求是將弱化、萎縮。

於是，基於活絡虛擬貨幣市場的最終立場，有人發想提出所謂的「穩定幣」

---

[41] 但台灣的電子支付機構管理條例、電子票證發行管例條例等電子支付基礎法令，則似乎均尚未考量區塊鏈技術發展電子錢的儲值與支付的可能，而仍維持在中心化系統的思維中。

（Stablecoin）。

## 4.3.1 何謂穩定幣

　　貨幣之所以被接受作為交易的媒介，其中一個主要原因是因為「穩定」。

　　原始的商品貨幣（commodity money，例如貝殼、珍珠等），對應著實體的存在；貨幣發展到硬幣（金、銀、銅等），它本身就是個實體，而金、銀本位的紙幣則是可兌換金或銀；至於法定貨幣（fiat money，又稱強制貨幣、命令貨幣）雖不再是以可以兌換金或銀，但至少透過法令確保法償支付能力。所以，我們可以說，貨幣是憑藉著某種「可被接受（信任）的」實體價值或制度，而穩定地存儲著（未來）支付的能力。

　　穩定幣本身終究還是個建構在區塊鏈底層上的「產品」，本身也是虛擬貨幣，因此，穩定幣要穩定，背後就必須要有個「可被接受（信任）的」實體價值或制度來支撐它的發行。要討論穩定幣的發行者如何能夠做到使它的價值有「可被接受（信任）的支撐」？就不能不回到什麼叫做「財貨的經濟價值」來看。亞當斯密認為，就抽象層面來說所謂「財貨的經濟價值」，就是以使用價值與交換價值二個面向來呈現；就具體層面而言，所謂「財貨的經濟價值」指的就是「價格」，也就是一定財貨的單位量可以交換的貨幣額。所以，虛擬貨幣的價值要穩定，就是它可以交換的法定貨幣額要穩定。而此，最直覺的做法，就是讓它「錨定（anchor）」對應某種法定貨幣，抑或者讓它被（受）某種能夠穩定地以法定貨幣額評值的財貨（資產）所「擔保」。不過，必須要強調的，這裡所謂的穩定是種相對的概念，畢竟，即便是法定貨幣，本身也都會有一定程度的匯率波動，自不待言。

　　於是，所謂穩定幣的「設計」就呈現多元樣貌。2014 年第一個出現的穩定幣 Tether（USDT）[42]就在白皮書上宣示了其與美金間具有 1:1 的錨定關係而藉此宣示價值。Tether 做為穩定幣的方式，就是宣稱他發了多少顆錨定美元的穩

---

[42] *See* Digital money for a digital age, Tether, https://tether.to/

定幣，就對應持有相等值之美元以作為足夠的儲備金，顯然的，Tether 公司試圖把 USDT「作為虛擬貨幣中的美金」。這種追求穩定的方式，就是讓 Tether 幣（USDT）直接「錨定」對應特定法定貨幣，也就是上述最直覺的做法，有人稱之為法定貨幣穩定幣（Fiat Stablecoin），是以發行人手上的法定貨幣儲備，來「擔保」、「支撐」虛擬貨幣的「價格」。

另外，類如 MakerDAO 幣，則是以超額（價值）的以太幣作為儲備，來擔保（或有人稱之為抵押，但這並不是法律意義的抵押權，本文以「擔保」稱之）MakerDAO 幣的發行。由於以太幣是相對穩定的虛擬貨幣，所以這種作法，算是上述「讓虛擬貨幣被（受）某種能夠穩定地以法定貨幣額評值的財貨（資產）擔保」的模式發行。不過，以太幣本身畢竟是虛擬貨幣也可能出現波動性，所以仍然必須以「超額」（以價值 2,000 美元的以太幣，擔保價值 1,000 美元的穩定幣發行，容忍波動 50%）擔保方式為之。這模式有人稱之為密碼穩定幣（Crypto Stablecoin），當然，有時候也不妨以「虛擬資產組合」之方式為之。

再則，既然可以採用「讓虛擬貨幣被（受）某種能夠穩定地以法定貨幣額評值的財貨（資產）擔保」的模式發行穩定幣，也就出現用商品價值作為儲備，來擔保穩定幣的發行的「價值商品穩定幣」（Commodity Stablecoin），例如 HelloGold 等。

總之，穩定幣的發行者希望穩定幣能夠與傳統上用來衡量財貨價值的法定貨幣額有所連接，連接法定貨幣的穩定交換能力。所以，任何方式，只要可以做到說服持有者它能穩定地存儲著（未來）支付能力的，都可以是穩定幣的設計模式。上述三種，只是舉例，實務上不乏對應於其它衍生性資產（例如衍生性金融商品、幣顯組合等）價值為擔保（支撐）的、混合以錨定法定貨幣方式、對應其它現實資產價值、對應其它衍生性資產價值併為擔保（支撐）的（Hybrid Stablecoin，例如：Reserve），甚至不無單單靠著演算法來達到穩定效果的（Algorithmic Stablecoin，例如：Basis），均屬之。當然，如果是中央銀行等國家貨幣主權機關也投入，也不無出現主權穩定幣（Sovereign Stablecoin）的空間。

## 4.3.2 穩定幣的功能與本質

### 4.3.2.1 穩定幣的功能

　　就主要功能來說，穩定幣的出現，為不同虛擬貨幣間的交易（換）提供了適切的媒介工具，而且，這樣的媒介同時做到了避險，也節省手續費（尤其是與法定貨幣互換時所發生的跨境匯兌手續費），當中，以錨定法定貨幣模式發行的法定貨幣穩定幣（Fiat Stablecoin）更是為虛擬貨幣與法定貨幣間架接起橋樑。

　　我們可以想像，當某甲用手上的虛擬貨幣 A 去「買」價值「看多」的虛擬貨幣 B 之後，固然賺得了虛擬貨幣 B 的增值，但當他「看空」虛擬貨幣 B，甚至是虛擬貨幣 B 面臨莫名暴跌，而想要「買回」虛擬貨幣 A 時，就必須也要考量虛擬貨幣 A 的價值趨勢，否則一來一回可能兩頭皆空。這時候，如果有種穩定的虛擬貨幣，可以用來作為不同虛擬貨幣間交易（換）的基礎時，某甲就可以把他「看空」，甚至是實際上已經下跌的虛擬貨幣 B 先換成穩定幣（以求避險或停損），而某甲如果仍有意持有虛擬貨幣 A，則可以靜待虛擬貨幣 A 的「低點」，再用穩定幣買入。甚至，他如果不再需要任何虛擬貨幣，也可以利用該穩定幣所對應的「法定貨幣出入金」機制，換回現實的法定貨幣。

　　或許，有人會問，在上述情境當中，某甲為何不乾脆把「看空」，甚至是實際上已經下跌的虛擬貨幣 B 先換回法定貨幣，如果仍有意持有虛擬貨幣 A，日後再用法定貨幣購入虛擬貨幣 A？

　　這是因為，當中涉及不同國家規範強度不同且複雜的洗錢防制機制，也涉及「法定貨幣出入金」機制的銀行端參與意願與程度，所以，並不是所有的虛擬貨幣交易所都接受「虛實互換」的交易模式。更重要的是，就算往來的虛擬貨幣交易所接受「虛實互換」（「法定貨幣出入金」），它也會因為要落實各段合規性要求（尤其是洗錢防制機制）、要配合服務銀行或第三方支付業者作業的原因，導致要在交易所提領或是存進法定貨幣變得非常耗時，而這樣的結果就是不利於流動、不利於套利。此外，實虛、虛實間的多次交易進進出出，單單是交易所的、銀行的、SWIFT 的（跨境支付時）手續費就可能很驚人。

### 4.3.2.2 穩定幣的本質

　　如同本文先前提到的，不論是用來獎勵維運系統平台的參與者（礦工）而由區塊鏈系統自身產出的，或者是使用者用來當作對價而得以近用區塊鏈系統平台（底層）所支付的，都是這個區塊鏈系統平台的「原生」幣（Internal token of blockchain），是近用系統的工具幣；至於開發者在系統平台上架構 Dapps 後，進而依據不同目的所設計的 token，則是所謂應用幣（token on blockchain）。這種應用幣，依各該 Dapps 所創設的目的不同，token 的功能及其法律屬性也會不同，包括支付型代幣、工具型代幣、有價證券型代幣。

　　那，穩定幣的本質是甚麼？是支付型代幣、工具型代幣或是有價證券型代幣？

　　穩定幣的性質，不會是工具型代幣，因為，工具型代幣表彰的是系統平台或應用程式生態圈內的「近用權」，而穩定幣的功能設計顯非如此。

　　穩定幣（目前）的主要功能是用來作為虛擬貨幣間交易（換）的媒介，而且，其中一種做法就是利用儲備對應價值的法定貨幣來達成穩定的目的。所以，如果從穩定幣作為虛擬貨幣間的交易（換）媒介的觀察點而說，穩定幣似乎是虛擬貨幣界的支付工具，就像是現實世界的法定貨幣。但，它畢竟與利用區塊鏈技術架構發行法定貨幣或是利用區塊鏈技術架構把法定貨幣分割成子通貨 token 不同，也不具有高度貨幣性（高度被使用及接受作為獲取貨品及服務之交易媒介而替代傳統貨幣功能），充其量，只是流通於虛擬貨幣界而已，因此，把穩定幣歸為支付型代幣並不妥當。除非，它發展到哪一天後，變成跟比特幣一樣，與現實世界產生支付的連結，因而有可能被認為是交易媒介（a medium of exchange）、是支付工具（method of payment）而且存儲價值（store of value）所以包含在「通常定義」的金錢概念之中（即上述美國司法部在 Helix 平台案所採取之立場）。

　　本文認為，除了錨定於法定貨幣等值發行的法定貨幣穩定幣（Fiat Stablecoin）以及主權型的穩定幣，其它穩定幣的性質應該偏屬於有價證券型代幣，關於這點，可以從美國 SEC 實務上所採用 Howey Test 來觀察、驗證。

從 Howey Test 來看，不論適用法定貨幣或是其它虛擬貨幣來取得穩定幣，都是投入「資金」（Investment of money）；而且，所有投入（持有）穩定幣的人，也都共同承擔風險、共享利益，可以說是投入共同「事業」（Common Enterprise）。唯一有爭議的，則是穩定幣的投入，是不是符合「合理的預期可以從他人的努力中獲取利益（Reasonable Expectation of Profits Derived from Efforts of Others）」的要件。

這裡，最常見到的論述是：（1）既然是穩定幣，價格就是穩定的，尤其是錨定於法定貨幣等值發行的法定貨幣穩定幣（Fiat Stablecoin），所以，何來「合理的預期獲取利益」？（2）穩定幣之所以維持穩定，是因為它所對應的財貨（資產）本來就具有穩定的法定貨幣評值，所以並不存在所謂「他人的努力」。這樣的爭論，不是沒有意義的，尤其是以錨定法定貨幣模式發行的法定貨幣穩定幣（Fiat Stablecoin）本身，理論上似乎沒有所謂預期增值獲利之餘地，而且因為是等值對應發行，這種「穩定」也難以想像是靠「他人的努力」而來。

所以，本文認為：如果是「單一（特定一種法定貨幣）錨定」的法定貨幣穩定幣，確實因為不符合「合理的預期可以從他人的努力中獲取利益（Reasonable Expectation of Profits Derived from Efforts of Others）」的要件，所以不應認為是有價證券型代幣；不過，如果是錨定於數種法定貨幣「組合」的穩定幣，或者是由某種財貨（資產）所「擔保」的穩定幣，都有落入有價證券型代幣範疇的可能，此時，必須要去檢視該穩定幣的白皮書，確認其究竟如何達到穩定的目的？是否涉及系統（或發行人）必須就穩定幣所對應的擔保資產為「調節」（使之合於價值穩定的發行目的）？若然，所謂「調節擔保資產以求穩定幣值」這件事，就是靠「他人的努力」（操縱）；而調節擔保資產以求穩定幣值，也是種預期的利益，因為「穩定」的另一面意義就是「不會（爆）跌」，也是利益的態樣之一。

綜結上述分析可以發現，錨定於單一法定貨幣等值發行的法定貨幣穩定幣（Fiat Stablecoin）以及主權型的穩定幣的定性，確實難以使用三分法（工具型、支付型、證券型）來說明。但，本文認為該等「漏洞」其實非緊要，因為，所

謂的「三分法」主要是用來作為法規範（監理與法律適用）的基礎。主權型穩定幣的背後是政府支撐，不會有監理爭議；至於錨定於單一法定貨幣的法定貨幣穩定幣（Fiat Stablecoin），則可以經過審計機制之建立來處理可能的詐騙問題，也就是真正需要思考的不是它的屬性，而更該討論的其實是：（1）由誰來確認發行人對應地持有相等值之法定貨幣，以作為足夠的儲備金？（2）所謂的法定貨幣儲備金存放在哪裡？，以及（3）法定貨幣穩定幣要如何真的與法定貨幣連結，也就是如何「提領」法定貨幣等，才不至於觸碰敏感的洗錢防制、跨境匯兌等問題。否則，像是作為穩定幣領頭羊的 Tether（USDT），本身都曾發生法定貨幣儲備金不足的信用危機，甚至一度低調的在 2019 年 3 月修改規則，宣佈將作為擔保機制的儲備金擴及於其他（儲備）價值難以衡量的資產、應收帳款等，最終還落到遭詐欺調查。[43]這種沒有公開審計的「穩定」，是否真的足以信賴，並非無疑。

## 4.3.3 作為與現實法定貨幣世界連結的穩定幣

如前所述，穩定幣的發行模式多元，其中法定貨幣穩定幣如果有完整、可信的審計制度，來確認它的發行量與白皮書中所宣示的錨定法定貨幣儲備額一致，則確實可以扮演與現實法定貨幣世界連結的角色。因為，穩定幣的出現，為不同虛擬貨幣間的交易（換）提供了適切的媒介工具，所以，只要穩定幣本身的穩定本質（特別是指法定貨幣穩定幣），足以說服銀行或第三方支付業者願意承接「入出金」業務，也就是與法定貨幣的兌換業務，不同虛擬貨幣「換」成穩定幣之後也可以「變現」。

但，現實的問題是，即便法定貨幣穩定幣發行人宣示儲備有足夠的、相對應的錨定法定貨幣，也即便有第三方審計機制確認它的儲備金，很難想像法令會容許非銀行業者的發行人以近似於「吸收存款」方式持有大眾資金，更難避免平台本身是否涉及經營「匯兌業務」之爭議。所以，發行人一方面為了避免

---

[43] *See* https://reurl.cc/0DZGpA

欠缺公信力的審計疑義、一方面為了避免多數國家保守的金融監理措施，無不盡量尋求銀行願意提供入出金的最後一哩服務的意願。

但，面對虛擬貨幣業者，銀行業通常是保守的。原因無它，正是因為虛擬貨幣的交易不但易生爭議，更重要的是洗錢防制、資恐的重大課題。對銀行來說，洗錢防制義務與資恐防免義務的違反可能是動搖公信與誠信的莫大問題，即便是穩定幣，甚至是法定貨幣穩定幣也是如此。因此，穩定幣發行人必須找到可信賴的銀行願意為其解決客戶入出金問題。也只有如此，穩定幣與現實法定貨幣世界連結的功能才能建立。

2020 年 9 月 21 日，美國貨幣監理署（The Office of the Comptroller of the Currency，OCC）針對法定貨幣穩定幣首次發佈穩定幣指南，[44]同時宣示了聯邦註冊銀行和聯邦儲蓄機構可依規定（主要是限定在託管錢包的前提，且要求銀行要應履行盡職調查的義務，以評估銀行業務風險）為法定貨幣穩定幣提供儲備金帳戶之服務，而此作法可以確保發行人儲備有足夠的、相對應的錨定法定貨幣；就此，美國證券交易委員會（SEC）則未反對，[45]甚至也鬆口認同法定貨幣穩定幣不必然是有價證券的立場，基本上，這是正向的發展。

不過，本文撰寫期間，正巧媒體揭漏了台灣有多達 7 家大型銀行因為與 Tether、Bitfinex 及其母公司 iFinex 往來並提供服務，而意外捲入洗錢案件，[46]日後調查如果屬實，恐怕在銀行端完全理清「穩定幣在玩甚麼」之前，難再敢為穩定幣發行人處理入出金服務，這對穩定幣的未來發展，則是減分效應。

---

[44] *See* OCC Chief Counsel's Interpretation on National Bank and Federal Savings Association Authority to Hold Stablecoin Reserves, OCC (September 21, 2020), https://www.occ.gov/topics/charters-and-licensing/interpretations-and-actions/2020/int1172.pdf (last visited 2021/1/27)

[45] *See* SEC FinHub Staff Statement on OCC Interpretation, SEC (September 21, 2020), https://www.sec.gov/news/public-statement/sec-finhub-statement-occ-interpretation. (last visited 2021/1/27)

[46] 台灣被捲入洗錢風險？金融犯罪嫌疑者 iFinex，曾是 7 家本土銀行客戶，天下雜誌，2020/9/21，參考資料 https://www.cw.com.tw/article/5101992 (最後造訪日期：2021/1/17)

# 第五章　虛擬貨幣（通貨）的法律監理

　　這裡所談到的「監理」，指的是「政府」如何管的問題，至於虛擬貨幣持有人間、虛擬貨幣持有人與項目方（發行者）間可能發生的法律關係以及爭議處理，則另在本文下一大章節為說明。

　　此外，這裡所談到的「政府如何管」的問題，主要是試圖在不變動現行法規的狀態下，整理可能有的監理途徑，至於監理的政策（「以後」管或不管、如何管）等，除了介紹其他國家的政策與立法外，暫不對國內管制政策做建言。畢竟，這當中涉及的可能是複雜的政經、文化等課題。

　　這裡所提到的虛擬貨幣、虛擬通貨（virtual currency）指的既然是「區塊鏈架構上的幣」（暫不討論其他與區塊鏈技術無關而常見於部分遊戲設計或其他中心化應用系統所發行的遊戲幣、虛寶、點數等），那麼，隨著區塊鏈技術（或稱為分散式帳本技術，Distributed ledger Technology，DLT）的發展，可以想像虛擬貨幣的應用，可能隨之更廣（例如：Bitcoin 出現後，社群的開發者們就努力試圖讓比特幣網路的去中心化特性，除了能用於「記帳」外，也能用於「執行應用程式」，因此有了 Ethereum 出現）。所以，本文雖然是以虛擬貨幣的屬性提出監理的分析，但仍需注意技術發展與變動的問題。以下，從發行監理、交易（行為）監理依序討論，並從上開監理規範，提出關於交易商（交易平台及其他參與人）監理的幾個問題。

## 5.1 發行監理

　　談到發行監理，可以從發行的概念定義開始，依序討論、介紹誰可以發行？

如何監理發行？二個面向來說明。

## 5.1.1 發行的概念定義

檢視我國現行法規，提及發行二字的，乃包括有以下各領域之相關立法：
貨幣、金銀幣及紀念性券幣、電子票證、郵票（簡）、有價證券（債、股、公
債、受益憑證等）、各類政府公報、著作物等。但除了證券交易法及著作權法
對「發行」二字做有定義性規範外，並無其他。

參照我國證券交易法第 8 條之規定，證券交易法所稱之「發行」，係指發
行人於募集後製作並交付，或以帳簿劃撥方式交付有價證券之行為；同法第 5
條則就發行人做有定義，而謂發行人係指募集及發行有價證券之公司，或募集
有價證券之發起人；第 7 條第 1 項則規定「本法所稱募集，謂發起人於公司成立
前或發行公司於發行前，對非特定人公開招募有價證券之行為。」；參照著作
權法第 4 條、第 3 條第 1 項第 12 款，著作權法上之所謂發行，係指權利人散布
能滿足公眾合理需要之重製物而言。

又，證券交易法上的發行，和所謂的募集關係緊密，法院之實務見解乃認
為募集程序係在發行程序之前，亦即發行乃以募集程序完成為前提要件。[47]參考
這兩種不同法律架構下對於「發行」的定義，再參考其他我國現行法規中提及
發行二字但未做定義性規範的實際發行情形，可以將之分為二類：其一，指的
是與資金募集有關的「發行」；其二，與資金募集無關的「發行」。如果從持
有者（Holder）的立場來看，前者可以說是出於投資之目的；後者則是出於使用
（消費）之目的。

以上（本文）歸納我國現行法（實體世界領域）中對於發行二字的定義性
以及實際發行情形所做的分類，也可以借用於虛擬貨幣的情境，但僅限於「製
作並交付」的概念，而不及於資金募集。

如果說要參照證券交易法的概念，把虛擬貨幣的「發行」的定義與資金募

---

[47] 最高法院 103 年台上字第 803 號刑事判決參照

集的概念連結，則對某些虛擬貨幣而言，就沒有發行可言。例如，以 Bitcoin 系統平台（Bitcoin 網路）來說，不論是初始投入讓整個網路啟動的那 50 個 bitcoin，或是礦工挖礦後產出的比特幣，都跟資金募集無關，也就是說，如果要嚴格的把「發行」的定義與資金募集的概念連結，Bitcoin 系統並沒有「發行」bitcoin（比特幣），但它卻有類似「製作並交付」的「產出並發給」的概念。所以，虛擬貨幣的發行並非必然涉及資金募集（當然，用來募集資金也是態樣之一，例如：ICO，詳後說明）。所以，在虛擬貨幣的發行監理上，必須有個認知，不是所有虛擬貨幣的發行，必然涉及募集資金，也就是說，在不涉及資金融通、流動的狀況下，關於發行監理這件事並不必然需要被定位在類似金融管理的高度（層級）。例如，前面提到馬爾他的 ICO 三法當中的 Malta Digital Innovation Authority Act，就是跳離傳統金融管理的思考，而另設專責管理組織來監理（當然，也立了規範實體關係的專法）。Digital Innovation Authority 作為專責機構，負責包括政策擬定、國際合作、建立並執行區塊鏈技術設計及使用的倫理與技術標準、執行 Innovative Technology Arrangements and Services Act 規範下的註冊和認證事務。

　　在此，我們可以參照現行法（實體世界領域）中對於發行二字的定義性以及實際發行情形所做的分類來做個整理：與資金募集有關的「發行」，就是發行證券型代幣（表徵債、股、公債、受益憑證等有價證券），而與資金募集無關的「發行」，則可以是工具型代幣（近用系統平台或應用程式的商品或服務）或支付型代幣（例如政府發行的法償貨幣、子通貨、電子票證等）。

## 5.1.2 發行人的限制：誰可以發行

　　關於「誰可以發行（虛擬貨幣）」乙節，經檢視我國現行法規規範所及，需要討論的，乃為支付型代幣（payment tokens）與證券型代幣（security tokens，或有以資產型代幣，asset tokens 稱之）二者。至於一旦離開（脫離）了其所由而生的系統平台或應用程式時，就「甚麼都不是」的「純」工具型代幣（utility tokens），既然僅是系統平台或應用程式生態圈內的「近用權」而已，就像企業

發行的門票、入場券，純然是使用者的使用對價，就沒有討論「誰可以發行（虛擬貨幣）」的必要。

### 5.1.2.1 支付型代幣（payment token）之發行人限制

　　如前所述，所謂支付型代幣（payment token），是否要限定於「高貨幣性」（高度被使用及接受作為獲取貨品及服務之交易媒介而替代傳統貨幣功能）的支付工具者，或有不同見解。如果採否定說，則參照中央銀行法第 13 條第 2 項規定之文義（由中央銀行發行之貨幣為國幣，對於中華民國境內之一切支付，具有法償效力）為反面解釋，法律上並未限制非中央銀行發行的、不具有法償效力之商品貨幣、非法定貨幣（只是無法償效力而已）甚至禮券，所以，如單單以此觀之，所謂的支付型代幣（payment token）的發行人資格並未被限制（對於這種不具有高貨幣性的代幣，與其稱之為支付型代幣，不如歸為可用於對特定對象支付的工具型代幣）。

　　但，本文前將所謂支付型代幣（payment token），界定為「高貨幣性」的支付工具者。如果法定貨幣是利用區塊鏈技術架構為之，而以 token 形式存在，或者，將實體金錢等利用區塊鏈技術架構分割成子通貨 token，都屬於這類型。支付型代幣（payment token）本身或許不具有完全法償效力（如果是各國央行發行的，則依其設計與具體規範，可能會被賦予完全法償效力），但在某些情況下，它被設計為「具有完全法償效力的通貨」或是「易於變價的商品貨幣（例如金、銀等）」的變形或表徵，因而有可能被高度接受作為交易媒介，甚至，某些支付型代幣的背後就是由法償貨幣支撐其支付能力的。而所謂「背後就是由法償貨幣支撐其支付能力」，可以理解成這種代幣存儲了金錢價值，因而，它可能落入電子票證監理的範圍。[48]

---

[48] 本文撰寫時，行政院正將電子支付機構管理條例修正草案送交立法院審議，草案整併電子票證發行管理條例，如立法通過，電子票證發行管理條例將行廢止，而為虛（電子支付）實（電子票證）整合。屆時，電子支付機構之監理，則循風險基礎之監理原則為之，而以資本額為準（門檻）採業務類別容許之差別化管理。資本額 5 億元者，可以從事收付實質交易款項、收受儲值款項、辦理國內外小額匯兌等共 12 項全功能業務；3 億元者可做收付實質交易款項及收受儲值款項；1 億元者只能做收付實質交易款項。未來並將由財金公司設立「跨機構共用平台」，提供消費支付及資金移轉的清算中心。

　　所謂電子票證，依電子票證發行管理條例第 3 條第 1 款之定義，乃指：「以電子、磁力或光學形式儲存金錢價值，並含有資料儲存或計算功能之晶片、卡片、憑證或其他形式之債據，作為多用途支付使用之工具」；至於何謂「多用途支付使用」，則經同條第 5 款定義為：「指電子票證之使用得用於支付特約機構所提供之商品、服務對價、政府部門各種款項及其他經主管機關核准之款項。但不包括下列情形：（一）僅用於支付交通運輸使用，並經交通目的事業主管機關核准。（二）以網路或電子支付平臺為中介，接受使用者註冊及開立電子支付帳戶，並利用電子設備以連線方式傳遞收付訊息，於使用者間收受儲值款項。」，換句話說，支付型代幣（payment token）只要有被解釋為存儲金錢價值之可能，加上其具有高貨幣性之特質，即便不具有完全法償地位，也是有可能因為「多用途支付使用」而落入電子票證的定義。此時，參照同條第 2 款規定「發行機構：指經主管機關許可，依本條例經營電子票證業務之機構。」，同條例第 4 條第 1 項則規定「非發行機構不得發行電子票證或簽訂特約機構。」，第 5 條第 1 項第 1 款復規定「發行機構應經主管機關核准後，始得辦理下列業務：一、發行電子票證。…」可知，一旦支付型代幣落入電子票證之定義時，該等支付型代幣（payment token）的發行人，即須以經主管機關許可者為限。

　　此外，必須另為說明者，乃前述所謂「多用途支付使用」之定義之所以排除「以網路或電子支付平臺為中介，接受使用者註冊及開立電子支付帳戶，並利用電子設備以連線方式傳遞收付訊息，於使用者間收受儲值款項。」者，並不是「不管（監）理」，而是法規競合所致。因為這段文字所描述的，其實是電子支付機構管理條例第 3 條第 1 項所定義的電子支付機構，它不但需要經主管機關許可（電子支付機構管理條例第 3 條第 1 項）且以股份有限公司組織為限，原則上並僅能專營（電子支付機構管理條例第 5 條），故不再同時以電子票證管理條例管（監）理之。因此，在涉及「使用者間收受儲值款項」之情境下，支付型代幣（payment token）的存在，有可能使其應用程式的經營者落入電子支付機構的範圍而受特許專營等規範。[49]

---

[49] 為滿足電子票證作為多用途支付使用之儲值需求，於 98 年 1 月 23 日訂定發布「電子票證發行管理

### 5.1.2.2 有價證券型代幣（security tokens）之發行人限制

在上開瑞士 FINMA 的指引中，提到所謂的資產型代幣（asset tokens），指的是某些實體資產的表徵（participations in real physical underlyings），我們可以說它就是資產代幣化的概念。

又，對照傳統概念，資產本來就是可以證券化的，也就是有價證券。所謂有價證券者，是指一種表彰財產權之證券，其權利之發生、行使或處分均須占有證券為之，且並不以流通買賣為必要條件。[50]所以，我們也可以說，所有表彰財產權之 token，只要具有其權利之發生、行使或處分均須占有 token 為之的特徵，這種資產型代幣也可以叫做有價證券型代幣（security tokens）。

實體世界裡依照所表彰的財產權不同，有價證券則種類繁多，當然，tokens的設計，也會是如此。智能合約的內容（程式語言）如果發展到可以完全替代自然語言，而精確觸發系統節點運算（執行），則不同的應用軟體（Dapps）將有更大的空間發行表彰各類財產權的證券型代幣（security tokens）。此時，是不是要具有一定資格或許可才能發行，就必須檢視應用軟體、智能合約，來確認 token 的性質（例如：是股票、是債券或是其他受益憑證等），然後，回到對應實體世界中，對應（該 token 該當的）特定類型有價證券之管理規範決之。

就我國而言，有價證券型代幣（security tokens）就是民國 108 年 7 月 3 日金融監督管理委員會依據證券交易法第 6 條第 1 項規定核定為證券交易法所稱之有價證券的「具證券性質之虛擬通貨」。金融監督管理委員會就「具證券性質之虛擬通貨」定義為：「係指運用密碼學及分散式帳本技術或其他類似技術，表彰得以數位方式儲存、交換或移轉之價值，且具流通性及下列投資性質者：（一）出資人出資。（二）出資於一共同事業或計畫。（三）出資人有獲取利

---

條例」，另為滿足電子商務發展之儲值需求，於 104 年 2 月 4 日發布「電子支付機構管理條例」。之後，考量電子票證及電子支付帳戶之使用場域及運用技術之界線日漸模糊，並為擴大雙方業者之業務發展空間及實體與虛擬儲值工具之風險控管強度應予衡平以避免法規套利，於本文撰寫期間，主管機關刻檢討擬將「電子票證發行管理條例」內容整併於「電子支付機構管理條例」，以有效落實金融監理並促進我國電子支付機構與電子票證產業之發展。亦即，著手修正「電子支付機構管理條例」並打算於修正通過後同步廢止「電子票證發行管理條例」。

[50] 最高法院 45 年台上字第 1118 號判例參照。

潤之期待。（四）利潤主要取決於發行人或第三人之努力。[51]基本上，就是採同美國 SEC 的規範邏輯，將 Howey Test 適用於判斷虛擬貨幣（通貨）所表彰的契約關係是不是投資契約？虛擬貨幣是不是有價證券。至於將發行人之資格，則限於依我國公司法組織，且非屬上市、上櫃及興櫃之股份有限公司；如係平台業者自行發行 STO，應由財團法人中華民國證券櫃檯買賣中心複核後始得辦理。其它有關發行、買賣方式及限制暨平台業者之管理規範，則授權財團法人中華民國證券櫃檯買賣中心另訂之。

## 5.1.3 發行的監理

　　關於「誰可以發行（虛擬貨幣）」乙節，經檢視我國現行法規規範所及，需要討論的，乃為支付型代幣（payment tokens）與證券型代幣（security tokens，或有以資產型代幣，asset tokens 稱之）二者。至於一旦離開（脫離）了其所由而生的系統平台或應用程式時，就「甚麼都不是」的「純」工具型代幣（utility tokens），既然僅是系統平台或應用程式生態圈內的「近用權」而已，就像企業發行的門票、入場券，純然是使用者的使用對價，就沒有討論「誰可以發行（虛擬貨幣）」的必要。

### 5.1.3.1 工具型代幣（utility tokens）的發行監理

　　純粹的工具型代幣之發行，是比較沒有監理爭議的。如前所述，純粹工具型代幣所表彰的僅是系統平台或應用程式生態圈內的「近用權」（一種請求權，債權）而已，一旦把它抽離其所由而生的系統平台或應用程式時，就「甚麼都不是」了。持有者（Holder）如果有為了取得工具型代幣而交付金錢，也純然是種對價的支付，與資金募集無關。工具型代幣通常也只會在有使用系統平台或應用程式需求的（潛在）使用者間流通。因此，工具型代幣的發行通常無關募集資金，對於貨幣、金融秩序的影響更是微乎其微。

　　本文認為，發行工具型代幣而受取的金錢，性質上比較類似於預付型商品

---

[51] 金管證發字第 1080321164 號令

自比特幣技術的特徵論虛擬貨幣的法律特性及其相關議題

的交易[52]（預先買系統平台或應用程式的門票、入場券）。此時，如果有監理的必要，即可適用關於預付型商品交易監理的法制辦理。例如：消費者保護法，特別是依據消費者保護法第 17 條所公告之商品（服務）禮券定型化契約應記載及不得記載事項。

前開商品（服務）禮券定型化契約應記載及不得記載事項，係規範商品與服務禮券，並把商品（服務）禮券定義為「指發行人發行一定金額之憑證、磁條卡、晶片卡或其他類似性質之證券，由持有人以提示、交付或其他方法，向發行人或其指定之人請求交付或提供等同於上開證券所載金額之商品或服務。但不包括發行人無償發行之抵用券、折扣（價）券，及電子票證發行管理條例所稱之電子票證」。因此，在發行工具型代幣而受取金錢時，如果該代幣的架構設計具有上開憑證性質，有可能被解釋為禮券（例如，利用區塊鏈技術發行之預購券等），而發行人即須留意上述定型化契約應記載及不得記載事要項如何「寫入」程式，[53]也要留意履約保障機制（金融機構提供面額足額履約保證、面額存入發行人於金融機構開立之信託專戶、金融機構或電子支付機構提供價金保管服務，或為同業同級相互連帶擔保）。

此外，所謂「貨幣性高低」，可以說是監理措施選擇的重要考量之一。這就是前述討論，要強調「純粹」的工具型代幣（也就是指其所表彰的使用權，是對應於其所由而生的系統平台或應用程式使用而言）的原因。因為不排除某些代幣的架構與設計是可以對應於不同的系統平台或應用程式使用的。如此一來，它的流動性、被接受性顯然可能變大，這時候，會不會因為因此被認為是支付型代幣？是可以有討論空間的，也就是說，會不會因為流動性、被接受性變大、貨幣性提升，而需要依支付型代幣的模式來監理（通常會與電子支付機構或電子票證監理有關）。例如，在現實世界裡，談到所謂的「第三方禮券」

---

[52] 我國行政院消費者保護處認，所謂預付型交易，是指先付錢，再分期、分次享受商品或服務的交易。

[53] 商品（服務）禮券定型化契約應記載及不得記載事項第六點則規定：禮券以磁條卡、晶片卡或其他電子方式發行，而難以完整呈現應記載事項者，得僅記載發行人、履約保障機制及消費申訴(客服)專線。但發行人應以合理方式充分揭露其他應記載事項，並提供隨時查詢交易明細之方法。

（持有人得向發行人所指定之人請求給付者）時，民國 108 年 7 月 30 日金融監督管理委員會預告修正「電子支付機構管理條例」（及廢止「電子票證發行管理條例」）之草案（金管銀票字第 10802723100 號）即擬以其「低貨幣性」（被使用及接受作為獲取貨品及服務之交易媒介而替代傳統貨幣功能較低）為考量，不納入支付機構管理。[54]另，值得注意的，還有上開商品（服務）禮券定型化契約應記載及不得記載事項第 5 點對於「第三方發行」禮券之情形，另規定發行人之實收資本額或在中華民國境內營業所用之資金不得低於新臺幣三千萬元或需經主管機關許可，而其履約保證機制不得以同業同級相互連帶擔保方式為之，也就是說，如果發行的不是純粹的工具型代幣而是可以對應於不同的系統平台或應用程式使用的代幣，發行人就要留意是否有上開商品（服務）禮券定型化契約應記載及不得記載事項第 5 點適用之問題。

　　此外，多數的工具型代幣（utility tokens）的發行固然無關募集資金，但可以想像的，如果某些系統平台或應用程式本身的使用需求面「看多」，而且採用的是有限數量的 token 發行策略時，除了使用者會因為實際需求而預付外，也會出現所謂的投資人。投資人取得 token 不是為了近用系統或程式，而是為了待價而沽。此時，會不會因為投資人的出現，導致於（變異成）系統平台或應用程式創建方被認為是發行的虛擬貨幣用來募資？就有可能產生認定上疑義。當然，認定結果有所不同時，則應適用的監理機制也會各異。本文認為，以「是不是出現投資人」的結果來認定工具型代幣的屬性，有倒果為因之嫌，甚至可能違反了系統平台或應用程式的客觀設計，更何況，是不是真的有辦法去區分持有人究竟是單純地為了使用目的而持有，抑或是為了投資、為了待價

---

[51] 修正草案第 2 條第 10 款中，擬（因應日後二法整併合一）參酌電子票證發行管理條例第二條規定，增訂多用途支付使用之定義。其中，對於各目的事業主管機關依消費者保護法公告之「商品（服務）禮券定型化契約應記載及不得記載事項」規定中，持有人得向發行人所指定之人請求交付或提供等同於上開禮券所載內容之商品或服務乙節，草案即說明表示，「其中『發行人所指定之人』已涉及多用途支付使用之適用範圍，惟考量依『商品（服務）禮券定型化契約應記載及不得記載事項』，僅可用於發行人所指定之營業場所，涉及之『貨幣性』（被使用及接受作為獲取貨品及服務之交易媒介而替代傳統貨幣功能）較低，爰增訂第十款第二目規定⋯」而將之除外於「多用途支付使用」之定義，亦即將排除於電子支付機構管理條例適用之外。

而沽而持有？由於事涉持有人主觀意圖的認定，本身就是個難題。或許因為如此，美國採取（客觀）「交易的經濟現實面（economic reality of the transaction）」觀察原則，而在 Strategic Hub for Innovation and Financial Technology（FinHub, SEC）的 Framework for "Investment Contract" Analysis of Digital Assets（僅具有指引性質，非法規屬性質）中提出幾個參考指標（參前說明），用來評估虛擬貨幣（Digital Assets）是不是供作使用或消費（whether the instrument is offered and sold for use or consumption by purchasers），或者應該認為持有人是基於「合理期待藉由他人努力而獲利」（whether there is a reasonable expectation of profit derived from the efforts of others）而持有，故而合於 Howey test（參前說明）中的其一要件而可能認其為有價證券之募集。

## 5.1.3.2 支付型代幣（payment tokens）的發行監理

如同本文之前所做的歸納性定義，支付型代幣界定為「高貨幣性」支付工具，所以，在美國 SEC 的討論中，所謂支付型代幣就是歸入工具型代幣類型。如同本文先前說明，如果它背後就是由法償貨幣來支撐其支付能力，有可能被認為是金錢價值的儲存，而其發行就會可能落入電子票證發行管理條例的監理範圍，且當其設計涉及於「使用者間收受儲值款項」之功能時，也將有電子支付機構管理條例之適用。（考量電子票證及電子支付帳戶之使用場域及運用技術之界線日漸模糊，並為擴大雙方業者之業務發展空間及實體與虛擬儲值工具之風險控管強度應予衡平以避免法規套利，於本文撰寫期間，我國主管機關刻檢討擬將「電子票證發行管理條例」內容整併於「電子支付機構管理條例」）

## 5.1.3.3 有價證券型代幣（security tokens）的發行監理

如果虛擬貨幣被認為是種投資憑證，也就是持有人與發行人間有投資契約（資金募集）的關係存在時，這類虛擬貨幣就是所謂有價證券型代幣。虛擬貨幣是否屬證券交易法規範之有價證券，應視個案情況認定。

發行代幣、收取金錢，不見得是資金募集。所以所謂的 ICO（Initial Coin Offering），也就是代幣首次發行，雖然是借用 IPO（Initial Public Offering）證券公開發行的概念而來，但不見得所有 ICO 代幣（虛擬貨幣）都是投資憑證或

類似投資憑證的其他有價證券，它可能是工具型代幣，也可以是支付型代幣。

　　此外，也不是在代幣首次發行（ICO）時，才會有討論代幣（虛擬貨幣）屬性的必要。評價代幣屬性是需要多面向評估的，「首次」發行與否不是重點，至於較為具體的準則，則可參考前開關於美國 SEC 所屬的 Finhub 所提出的 Framework for "Investment Contract" Analysis of Digital Assets 的介紹。

　　在瑞士 FINMA 指引中，提及應根據「金融市場基礎建設法（Financial Market Infrastructure Act, FMIA）」的「證券」定義，來認定代幣是否為證券；馬爾他的「虛擬金融資產法」（Virtual Financial Assets Act）則規定由有價證券主管機關 Malta Financial Services Authority 依據 Guidance Note To The Financial Instrument Test 來認定代幣是否為證券；新加坡則依據「數位代幣募集指引（A Guide to Digital Token Offerings, 2017）由有價證券主管機關金融管理局（MAS）依據「證券暨期貨法」（Securities and Futures Act, SFA）檢視 ICO 代幣是不是屬於該法所監理的證券、集合投資計劃、期貨、槓桿外匯遠期交易等；美國則由 SEC 以 Howey test 為準據認定檢視 ICO 代幣的發行是不是投資契約。

　　另外，需要釐清的，則是何謂 STO（Security Token Offering）。如前所述，所謂的 ICO 雖然是借用 IPO 的概念而來，但不見得所有 ICO 代幣（虛擬貨幣）都是投資憑證或類似投資憑證的其他有價證券，因此，為了向投資人「強調獲利預期」、「不僅只是支付工具」，市場（行銷）上（不是法規範上）才出現所謂 STO 的說法。所以，有些論述稱「STO 是合法的 ICO」恐怕是有所誤解。STO 這個詞只是更精確地「形容」、「指涉」有價證券型代幣的募集、發行而已。如何適法的進行 STO，還是要回到應有的規範來認定。

　　就此，各國作法不盡相同，規範也未盡一致，要認定虛擬貨幣是不是投資契約憑證，已非屬容易，一旦所發行的虛擬貨幣被認定是用來募集資金的投資契約之憑證時，關於它的發行監理則更是現階段法制適用與調適最為棘手的問題。

　　大致來說，多數國家對於有價證券型代幣的發行還是由既有的證券交易法來監理，即便馬爾他是以特別立法（專法）模式來監理虛擬貨幣發行，但它的

專法模式乃是採用類似規範賸餘的概念來監理，[55]一旦虛擬貨幣被認為是 Financial Instrument（有價證券），仍然歸由有價證券法制監理，只有虛擬貨幣不屬於有價證券、不屬於電子錢在法制（規範）不足之處，才由 Virtual Financial Assets Act 來「填空」。

回到我國，基本上也是參照上述監理主流的做法，以證券交易法作為監理核心。民國 108 年 7 月 3 日金融監督管理委員會依據證券交易法第 6 條第 1 項規定，核定具證券性質之虛擬通貨為證券交易法所稱之有價證券。金融監督管理委員會就「具證券性質之虛擬通貨」定義為：「係指運用密碼學及分散式帳本技術或其他類似技術，表彰得以數位方式儲存、交換或移轉之價值，且具流通性及下列投資性質者：（一）出資人出資。（二）出資於一共同事業或計畫。（三）出資人有獲取利潤之期待。（四）利潤主要取決於發行人或第三人之努力。[56]基本上，就是採同美國 SEC 的規範邏輯，將 Howey Test 適用於判斷虛擬貨幣（通貨）所表彰的契約關係是不是投資契約？虛擬貨幣是不是有價證券。

至於如何具體監理，金融監督管理委員會則早在核定具證券性質之虛擬通貨為證券交易法所稱之有價證券之前，於 108 年 6 月 7 日即曾表示「『將』核定 STO 為證券交易法之有價證券」，並以「證券型代幣發行（Security Token Offering, STO）相關規範」之新聞稿說明即將研訂我國 STO 相關規範，規劃採分級方式管理。當時的政策宣示則是以募資金額新臺幣 3,000 萬元作為監理強度的區分，3,000 萬元以下豁免依證券交易法第 22 條第 1 項申報，募資金額超過 3,000 萬元則應依「金融科技發展與創新實驗條例」申請沙盒實驗，實驗成

---

[55] 本文認為「虛擬金融資產法」是採用類似規範賸餘的概念來監理的原因，是因為馬爾他的「虛擬金融資產法」（Virtual Financial Assets Act，VFA Act）是由有價證券主管機關 Malta Financial Services Authority（"MFSA"）依據 VFA Act 第 47 條制定的 Guidance Note To The Financial Instrument Test 來確認虛擬貨幣（a cryptocurrency, or digital ledger technology asset）的四種可能屬性；然後，再以 VFA Act 來監理既不是 Virtual Token（工具型代幣，未特別管理）、不是 Financial Instrument（有價證券，應按 Investment Services Act 以及歐盟 Market in Financial Instruments Directive 來管理），也不是電子貨幣（Electronic Money，以 Financial Institutions Act 管理）的虛擬貨幣，而將之納為 Virtual Financial Assets Act（VFA Act）的監理範圍。

[56] 金管證發字第 1080321164 號令

功後依證券交易法規定辦理。此外，將發行人之資格，限於依我國公司法組織，且非屬上市、上櫃及興櫃之股份有限公司；另考量前揭虛擬通貨屬技術含量及風險程度較高之產品，故初僅限專業投資人得參與認購，專業投資人之自然人認購限額為每一 STO 案不得逾 30 萬元；又，要求發行人限透過同一平台募資，平台業者則應確認發行人符合相關應備條件及編製公開說明書。如係平台業者自行發行 STO，應由財團法人中華民國證券櫃檯買賣中心複核後始得辦理。其它有關發行、買賣方式及限制暨平台業者之管理規範，則授權財團法人中華民國證券櫃檯買賣中心另訂之。

　　嗣，於民國 109 年 1 月 15 日金融監督管理委員以豁免證券之立場進一步發布函令[57]揭示「一、證券交易法第二十二條第一項規定[58]經主管機關核定之其他有價證券，包括募集發行金額新臺幣三千萬元以下具證券性質之虛擬通貨，且依財團法人中華民國證券櫃檯買賣中心證券商經營自行買賣具證券性質之虛擬通貨業務管理辦法規定辦理者。二、發行人發行前點具證券性質之虛擬通貨者，應依下列規定辦理，並依財團法人中華民國證券櫃檯買賣中心證券商經營自行買賣具證券性質之虛擬通貨業務管理辦法規定方式公告：（一）依證券交易法第三十條第三項[59]及第三十一條第一項[60]規定編製及交付公開說明書。(二) 依證券交易法第三十六條第三項第二款[61]規定公告。」；同日，以金管證券字第 1080362060 號令修正發布證券商設置標準第 3 條、第 11 條條文，就僅經營自行買賣具證券性質之虛擬通貨業務之證券自營商，鬆綁其最低實收資本額為新臺幣一億元（仍需以股份有限公司）。而且，放寬關於內部控制制度之規範。

---

[57] 金管證發字第 10803620609 號令

[58] 有價證券之募集及發行，除政府債券或經主管機關核定之其他有價證券外，非向主管機關申報生效後，不得為之。

[59] 公司募集、發行有價證券，於申請審核時，除依公司法所規定記載事項外，應另行加具公開說明書。……公司申請其有價證券在證券交易所上市或於證券商營業處所買賣者，準用第一項之規定；其公開說明書應記載事項之準則，分別由證券交易所與證券櫃檯買賣中心擬訂，報請主管機關核定。

[60] 募集有價證券，應先向認股人或應募人交付公開說明書。

[61] （已依本法發行有價證券之公司有下列情事之一者，應於事實發生之日起二日內公告並向主管機關申報：…二、發生對股東權益或證券價格有重大影響之事項。）

依循上開監理架構，財團法人中華民國證券櫃檯買賣中心則另訂「證券商經營自行買賣具證券性質之虛擬通貨業務管理辦法」（下稱「管理辦法」），並進而依據證券交易法第 30 條第 3 項及上述證券商經營自行買賣具證券性質之虛擬通貨業務管理辦法第 26 條第 2 項之規定訂定「申請發行具證券性質之虛擬通貨於證券商營業處所買賣之公開說明書應行記載事項準則」[62]。依「管理辦法」第 25 條規定「發行人於交易平台辦理發行之虛擬通貨種類，以不具有股東權益之分潤型及債務型虛擬通貨為限。前項所稱分潤型係指得參與分享發行人經營利益；債務型係指定有發行期間且到期還本並得分享發行人配發之利息。發行人同次發行之虛擬通貨，其發行條件應相同，且價格應歸一律。發行人募集之資金及發行後分配之利潤或利息，以新臺幣為限。」，也就是說，發行種類也受有限制。

## 5.2 交易監理

前面提到的，是關於虛擬貨幣的發行監理。這裡，則是整理虛擬貨幣交易市場（offer, sale or distribution of a digital assets）監理的幾個重要構面。

但，觀念上必須再次強調的，則是這裡所稱的監理，指的是國家對於虛擬貨幣（發行及交易）的管制，其目的可能出於貨幣政策、物價穩定、金融秩序、消費者保護等面向，至於「交易相對人間」的權利義務規範關係，於本章節中則暫不討論（詳後）。

### 5.2.1 各類代幣的共同課題

#### 5.2.1.1 洗錢制、資恐與犯罪利用等

虛擬貨幣具有匿名性，範圍觸及全球，且以網路為傳輸管道，加上可能可

---

[62] STO 管理辦法及相關規章，證券櫃檯買賣中心，參考資料：https://www.tpex.org.tw/web/STO/law.php?l=zh-tw（最後造訪日期:2021/1/23）

與傳統通貨兌換，使其具備成為洗錢與犯罪工具[63]之誘因。惟實際效果（風險）則取決於交易機制、第三方服務平台涉入程度、第三方是否遵循洗錢防制規範，以及虛擬通貨跨境交易轉換為主權通貨之效率。[64]

　　關於洗錢防制與反資恐，防制洗錢金融行動工作組織（Financial Action Task Force on Money Laundering，FATF）針對洗錢及資恐（AML/CFT）防制，於 2012 發布有 The FATF Recommendations。2018 年 10 月因應虛擬貨幣可能存在的洗錢問題，在第 15 號建議（recommendation）[65]中加入虛擬資產（ virtual asset）和虛擬資產服務提供者（virtual asset service provider ）的定義（ glossary ），以澄清反洗錢及反資恐要求等要如何適用於虛擬資產之管理。[66]

　　2019 年 6 月 21 日則進一步發布解釋性說明（an Interpretive Note to Recommendation 15 on New Technologies，INR. 15），列出了 FATF 標準（FATF Standards）對虛擬資產活動和服務提供者的適用。[67]

　　INR.15 宣示其拘束對象包含了國家及虛擬資產服務提供者（establishes

---

[63] 例如，近來常見之透過暗網，而以比特幣交易毒品之案例即屬之。最高法院 108 年度台上字第 4394 號刑事判決、最高法院 107 年度台上字第 3489 號刑事判決、最高法院 106 年度台上字第 1601 號刑事判決等相關案件事實參照。

[64] 中央銀行 105 年 3 月 24 日理監事會後記者會參考資料，參考資料: https://www.cbc.gov.tw/tw/cp-302-56214-16737-1.html（最後造訪日期:2021/1/23）

[65] *See* INTERNATIONAL STANDARDS ON COMBATING MONEY LAUNDERING AND THE FINANCING OF TERRORISM & PROLIFERATION: The FATF Recommendations, FATF, https://www.fatf-gafi.org/publications/fatfrecommendations/documents/fatf-recommendations.html

[66] A virtual asset is a digital representation of value that can be digitally traded, or transferred, and can be used for payment or investment purposes. Virtual assets do not include digital representations of fiat currencies, securities and other financial assets that are already covered elsewhere in the FATF Recommendations. Virtual asset service provider means any natural or legal person who is not covered elsewhere under the Recommendations, and as a business conducts one or more of the following activities or operations for or on behalf of another natural or legal person: i. exchange between virtual assets and fiat currencies; ii. exchange between one or more forms of virtual assets; iii. transfer66 of virtual assets; iv. safekeeping and/or administration of virtual assets or instruments enabling control over virtual assets; and v. participation in and provision of financial services related to an issuer's offer and/or sale of a virtual asset. *See* http://www.fatf-gafi.org/media/fatf/documents/recommendations/pdfs/FATF%20Recommendations%202012.pdf.

[67] *Supra note* 65

自比特幣技術的特徵論虛擬貨幣的法律特性及其相關議題

binding measures relevant for both countries and virtual asset service providers），也宣示將自 2020 年 6 月起對各國家及虛擬資產服務提供者進行為期 12 個月的審查，確認 INR.15 執行狀況。

就國家層面而言，FATF 要求（1）國家應該要評估、減輕伴隨著虛擬資產相關活動和虛擬資產服務提供者而生的風險；（2）不容許國家採取業主自律組織的方式來監理虛擬資產服務提供者，反之，要求國家主管機關應該要以證照或特許（license or registe）方式來管理，對於未遵守洗錢防制及反資恐規定的虛擬資產服務提供者應予以制裁或為其他強制措施（implement sanctions and other enforcement measures），並強調國際合作的重要性。

就虛擬資產服務提供者層面而言，FATF 則要求（透過國家監理）確保（requires countries to ensure）：虛擬資產服務提供者減輕洗錢及資恐的風險，並以相當於受（FATF）規範實體（just like other entities subject to AML／CFT regulation）的地位，完整落實 the FATF Recommendations 中的洗錢防制及反資恐規定措施，包括對客戶的盡職查核（due diligence）、記錄保存（record-keeping）、可疑交易通報（suspicious transaction reporting）、遵守特定金融制裁的要求（screening all transactions for compliance with targeted financial sanctions）。

此外，FATF 為更進一步協助國家及虛擬資產服務提供者遵循反洗錢及反資恐義務，於 2019 年 6 月 21 日也以 2015 年版本為基礎，修正虛擬資產和虛擬資產服務提供者風險指引（Guidance for a Risk-Based Approach to Virtual Assets and Virtual Asset Service Provider）。[68]

當中，最值得重視的，是在上述 INR.15 中的 7(b) 段，以及 Guidance for a Risk-Based Approach to Virtual Assets and Virtual Asset Service Provider 的第 114 段要求虛擬資產服務提供者必須遵循所謂「Travel Rule」。[69]

INR. 15 中的 7(b) 段規定 Recommendation 16 在虛擬資產交易應被落實，

---

[68] *See* Guidance for a Risk-Based Approach to Virtual Assets and Virtual Asset Service Providers, FATF, https://www.fatf-gafi.org/publications/fatfrecommendations/documents/guidance-rba-virtual-assets.html

[69] *Supra note 65*

各國應確保在虛擬貨幣移轉過程中，發送端（originating，匯款人）的虛擬資產服務提供者應立即且安全地獲取並保存必要的且正確的發送端（originator）資訊以及必要的受益人（beneficiary，收款人）資訊，並將該等資訊提交受益人端（beneficiary）的虛擬資產服務提供者或金融機構。有關當局（主管機關等）並可以要求其提供；各國應確保在虛擬貨幣移轉過程中，受益人端（beneficiary）的虛擬資產服務提供者獲取並保存發送端（originator）資訊，以及必要的且正確的受益人端（beneficiary）資訊。有關當局（主管機關等）並可以要求其提供。同時，亦明揭上述要求於金融機構為客戶發送或接收虛擬資產時，亦適用之。

　　Guidance for a Risk-Based Approach to Virtual Assets and Virtual Asset Service Provider 的第 114 段則進一步重申所需資訊包括：（1）發送人姓名、（2）發送人用於處理交易的帳號（例如虛擬貨幣錢包）、（3）發送人的實體（地理）位址或國家身份號碼或在虛擬資產服務提供者處唯一的識別號（不是交易號碼）或出生日期和地點、（4）受益人的姓名、（5）受益人用於處理交易的帳號（例如：錢包）。

　　簡言之，可以歸納如下：虛擬資產服務提供者必須事先向當地國家的監管單位註冊相關的金融執照後，方能執行業務；加強實名制的落實，要求發送端、受益人（匯款人和收款人）皆須提供詳細個人資料；發送端、受益人端交易所之間持有相同資料，且有關當局可以要求提供。事實上，G20 早就聲明將一致遵循 FATF 的立場，[70] 因此，在「幣圈」有種說法：「2019 年 6 月 21 日是匿名交易世界的大地震」。

　　有趣的是，在我國，有明文特別提到上開反洗錢與反資恐考量的，倒不是

---

[70] 2019 年 6 月 28 日，G20 福岡會議的共同聲明第 17 點已清楚表示：We reaffirm our commitment to applying the recently amended FATF Standards to virtual assets and related providers for anti-money laundering and countering the financing of terrorism. We welcome the adoption of the Financial Action Task Force (FATF) Interpretive Note and Guidance.. *See* https://g20.org/en/g20/Documents/2019-Japan-G20%20Osaka%20Leaders%20Declaration.pdf ，2020 年 2 月 23 日，G20 利雅得財長及央行總裁會議重申 Building on the 2019 Leaders' Declaration, we urge countries to implement the recently adopted Financial Action Task Force (FATF) standards on virtual assets and related providers. *See* https://g20.org/en/g20/Documents/Communique%cc%81%20Final%2022-23%20February%202020.pdf

較具高風險的支付型代幣,而是前述關於有價證券型代幣募集發行的規範。[71]

## 5.2.1.2 多層次傳銷

依市場現狀,不少虛擬貨幣的發行,乃至於銷售,都是透過多層次傳銷的方式為之。也就是我國多層次傳銷管理法第 3 條所稱「透過傳銷商介紹他人參加,建立多層級組織以推廣、銷售商品或服務之行銷方式」。

由於「多層次傳銷事業於開始實施多層次傳銷行為前,應檢具載明下列事項之文件、資料,向主管機關報備:…」、「多層次傳銷事業,應使其傳銷商之收入來源以合理市價推廣、銷售商品或服務為主,不得以介紹他人參加為主要收入來源。」、「違反第十八條規定者,處行為人七年以下有期徒刑,得併科新臺幣一億元以下罰金。」(多層次傳銷管理法第 6、18、29 條第 1 項參照)。因此,虛擬貨幣的發行,乃至於銷售模式如果合於多層次傳銷管理法之定義,自應依上開規定報備,而且,多層次傳銷行為之實施應受多層次傳銷管理法第三章之監理,特別是傳銷商之收入不得以介紹他人參加為主要收入來源。

參照多層次傳銷管理法第 4 條可知,所謂多層次傳銷事業者,乃包括統籌規劃或實施第 3 條傳銷行為之「團體」與「個人」,也就是不以公司、工商行號為限,且即便只有統籌規劃亦屬之;且外國多層次傳銷事業而言,不一定是要其本身引進或實施,而是包括第三人引進或實施該事業之多層次傳銷計畫或組織者亦屬之。換句話說,即便是個人,而且只有引進傳銷計畫,未必須要實

---

[71] 財團法人中華民國證券櫃檯買賣中心訂定的「證券商經營自行買賣具證券性質之虛擬通貨業務管理辦法」第 6 條特別提示:證券商經營自行買賣虛擬通貨業務,應依「洗錢防制法」、「資恐防制法」、「金融機構防制洗錢辦法」及「證券期貨業及其他經金融監督管理委員會指定之金融機構防制洗錢及打擊資恐內部控制與稽核制度實施辦法」規範,按風險基礎方法,辦理防制洗錢及打擊資恐作業。證券商經營自行買賣虛擬通貨業務,應依洗錢與資恐風險及業務規模,並參酌中華民國證券商業同業公會「證券商防制洗錢及打擊資恐注意事項範本」,建立防制洗錢及打擊資恐之內部控制與稽核制度,經董事會通過,並應定期檢討是否有修正之必要;此外,第 44 條第 3 項則規定「證券商與客戶議價買賣虛擬通貨,應先確認客戶以本人名義於金融機構開立款項收付之帳戶,並應透過該帳戶以新臺幣匯出、入款方式交付或收受款項。」(實名制),同時也在其第 8 條第 1 項制定理由中強調「虛擬通貨之登載、移轉及保管採實名制,證券商應依客戶別辦理虛擬通貨之收付、異動及庫存保管等事宜,並應列入內部控制制度,爰訂定第一項規定」、第 31 條之訂定理由則謂「…為控管防制洗錢風險,STO 之認購及買賣係採實名制,故投資人應指定自己之銀行帳戶作為款項往來帳戶…」。

際參與實施或為組織，都是傳銷事業。

再，參照多層次傳銷管理法第 5 條可知，所謂傳銷商就是參加多層次傳銷事業之人，也就是一般所稱之的「參加人」，參加人因為推廣或銷售商品、服務或介紹他人加入等作為，而對多層次傳銷事業享有給付佣金、獎金或其他經濟利益的請求權，多層次傳銷則是透過傳銷商介紹他人參加而建立的（多層次傳銷管理法第 3 條參照）。傳銷商就是一般所說的「上線」，而條文中「介紹『他人』加入」中所謂的「他人」就是一般所說的「下線」。當然，「下線」可以再介紹他人加入，此時，「下線」也會變成傳銷商。

依本文觀察市場現狀，不少虛擬貨幣的推廣、銷售，乃是由部分人士或組織（不一定是公司或商號）將外國以多層次傳銷方式推廣、銷售虛擬貨幣的事業引進或實施，而如前所述，該等引進或實施之行為人即便是個人，甚至即便只有引進傳銷計畫，未必須要實際參與實施或為組織，都是多層次傳銷管理法所稱之傳銷事業。所以，當依層次傳銷管理法之報備監理模式進行，尤其應使其傳銷商之收入來源以合理市價推廣、銷售商品或服務為主，不得以介紹他人參加為主要收入來源，以免罹於刑章。

此外，特別強調的，部分虛擬貨幣之交易（行銷）方式，是要求參加人支付一定對價（可能是它種虛擬貨幣或現金），才取得推廣、銷售虛擬貨幣及介紹他人參加之權利的，換句話說，要取得推廣、銷售虛擬貨幣或介紹他人之「地位」，是要先「投資」的。這種情形，交易實質上近似於投資契約，在美國 SEC 適用 Howey Test 的標準下，很可能有證券交易法制之適用。

## 5.2.2 工具型代幣（utility tokens）的交易監理

工具型代幣之交易與一般商品無異，因此，消費者保護法扮演重要的交易監理角色。當然，這裡的討論，是定位在企業經營者與消費者間的交易（亦即不包括虛擬貨幣持有者，也就是消費者彼此間的交易），否則，尚無關消費者保護法之適用（消費者保護法第 2 條第 1 款，消費者：指以消費為目的而為交易、使用商品或接受服務者；同條第 2 款，企業經營者：指以設計、生產、製

造、輸入、經銷商品或提供服務為營業者）。

　　虛擬貨幣的交易，性質上與消費者保護法第 2 章第 1 節的「健康與安全保障」較無關係，第 2 章第 2 節的「定型化契約」控制原則，以及第 2 章第 3 節的「消費資訊之規範」則應認為有適用餘地。

　　至於所謂的監理，則消費者保護法第 4 章關於「行政監督」之規定乃為最直接之依據，但實務上如何落實，實有待觀察。尤其是第 33 條的調查權行使、34 條的扣押執行，主管機關之能力層面如何精進、手段上如何施行，將是無法迴避的新課題。否則，單單以宣導方式，呼籲消費者購買虛擬貨幣應謹慎為之，恐怕是自限武功之舉。

## 5.2.3 支付型代幣（payment tokens）的交易監理

　　支付型代幣可以說是工具型代幣的一種類型，只是相對的具有「高貨幣性」。工具型代幣的交易監理當然也適用於支付型代幣。除此之外，支付型代幣兌換成現金的機會較高，因此，對於它的交易監理更著重在前述關於洗錢防制與反資恐機制，茲不另為贅述。

　　特別需要提出說明的，則是支付型代幣交易過程中，如果透過平台（虛擬貨幣交易服務提供者），則因為它的高流通性、高貨幣性使然，該平台業者自應留意是否有落入銀行法第 29 條（除法律另有規定者外，非銀行不得經營收受存款、受託經理信託資金、公眾財產或辦理國內外匯兌業務。）適用之餘地。這點，跟目前坊間林立的虛擬貨幣交易所的適法性，有深切的利害關係。所謂「匯兌業務」，係指「行為人不經由現金之輸送，而藉與在他地之分支機構或特定人間之資金清算，經常為其客戶辦理異地間款項之收付，以清理客戶與第三人間債權債務關係或完成資金轉移之行為。」；而「國內外匯兌」則係謂銀行利用與國內異地或國際間同業相互劃撥款項之方式，如電匯、信匯、票匯等，以便利顧客國內異地或國際間交付款項之行為，代替現金輸送，了結國際間財政上、金融上及商務上所發生之債權債務，收取匯費，並可得無息資金運用之一種銀行業務而言。是凡從事異地間寄款、領款之行為，無論是否賺有匯差，

亦不論於國內或國外為此行為，均符合銀行法該條項「匯兌業務」之規定，[72] 又我國司法實務判決一度認為「資金、款項皆得作為匯兌業務之客體，並無法定貨幣或外國貨幣等之限制，故人民幣縱非我國法定貨幣，但卻為大陸地區所定之具流通性質之貨幣，則人民幣係屬資金、款項，因而未經許可即進行人民幣匯兌業務，仍構成非法經營匯兌業務罪」，[73] 換言之，支付型代幣即便不是法定貨幣，但可能被認為是資金、款項，若然，平台業者甚有可能構成銀行法之地下匯兌罪。就此，本文前即提及，2020 年 7 月 24 日華盛頓哥倫比亞特區的地方法院則判認為比特幣是交易媒介（a medium of exchange）、是支付工具（method of payment）而且具存儲價值（store of value），屬於「通常定義」的金錢。因此，在　Helix 平台案中，認定被告違反資金傳遞法（District of Columbia's Money Transmitters Act，MTA），無照經營匯款業務（unlicensed money transmitting business）平台。此類案件，在國內司法實務之發展上值得注意。[74]

　　然，本文擬採保守見解，主要原因是我國央行至今為止之宣示，均不承認虛擬貨幣具有貨幣屬性，也一再表明宜以加密資產稱之，因此，可能造成交易平台對於銀行法第 29 條之存款、匯兌業務欠缺違法性之認識。由於違反銀行法第 29 條第 1 項規定之規範，事涉該法第 125 條第 1 項規定，可處 3 年以上 10 年以下有期徒刑，並得併科新臺幣 1 千萬元以上 2 億元以下罰金。如因犯罪獲取之財物或財產上利益達新臺幣 1 億元以上者，可處 7 年以上有期徒刑，並得併科新臺幣 2 千 5 百萬元以上 5 億元以下罰金，故其責任非輕。而銀行法立法時，根本毫無去中心化清算交易的概念，而今用以拘束虛擬貨幣，尤其是支付

---

[72] 最高法院 106 年度台上字第 783 號判決、最高法院 95 年度臺上字第 5910 號判決、財政部民國 85 年 9 月 4 日台融局（一）字第 85249505 號函參照

[73] 最高法院 95 年度臺上字第 5910 號判決、臺灣高等法院高雄分院 104 年度金上訴字第 6 號刑事判決。

[74] 事實上，早在 2016 年 6 月以北卡羅來納州（North Carolina）就制定通過 House Bill 289 ，將其貨幣傳輸法（Money Transmitters Act）之適用對象擴大及於虛擬貨幣交易所，認為交易所就是貨幣移轉服務商，而須向主管機關申請特定執照並繳納保證金，之後（2017 年）甚至本於資安理由要求納入保險。上述把虛擬貨幣交易所認作是貨幣移轉服務商而要求 Money Service License 的做法，陸續為不少州所採。

型代幣的交易恐違反刑法可預見性。何況，隨著科技發展或市場接受度變化之客觀情事，純粹工具型代幣與支付型代幣的界線可能越趨模糊，當年，誰能想像比特幣會被市場接受為用以支付？這些偶然，卻成為刑罰上之必然，豈非突襲。

## 5.2.4 有價證券型代幣（security tokens）的交易監理

有價證券型代幣（security tokens）的交易監理是個棘手的問題。如前所述，依我國現行規範，有價證券型代幣的募集與發行，只限於以 IEO（詳後述）方式為之，且限於證券商循「財團法人中華民國證券櫃檯買賣中心證券商經營自行買賣具證券性質之虛擬通貨業務管理辦法」規定辦理，並以不具有股東權益之分潤型及債務型虛擬通貨為限，才可以豁免申報生效之義務，也才適用證券商循櫃買中心「管理辦法」所訂之「交易及給付結算方式」章節為監理。

但，有價證券型代幣類型繁多，金管會之現行監理邏輯，既然是將之公告為有價證券，卻又似乎僅為一部分之豁免，且限制募集、發行與交易監理（詳前述）。所以，如非屬上開豁免範圍的有價證券型代幣的募集、發行、交易監理，難道是要回到證券交易法處理？抑或是主管機關金管會是「反面地」、「實然地」、「漠視地」否定非屬上開豁免範圍的有價證券型代幣的募集、發行？

假設，非屬上開豁免範圍的有價證券型代幣的募集、發行、交易監理，應該要回到證券交易法之規範處理，則依法規現狀，將無從透過坊間所稱之「虛擬貨幣交易所」交易。因為，在證券型代幣經公告為有價證券之前提下，則與其交易有關之「業務」，將包括證券交易法第 15 條所定之承銷（承銷商）、自行買賣（自營商）、行紀、居間、代理（經紀商）及其他經主管機關核准之相關業務；又，「證券商須經主管機關之許可及發給許可證照，方得營業；非證券商不得經營證券業務」為證券交易法第 44 條第 1 項所訂。也就是說，要經營具證券性質之虛擬通貨承銷、自行買賣、行紀、居間、代理業務，必須是證券商始得為之。

至於本文何以認為主管機關金管會可能（刻意地政策決定或肇自於考量未

盡周全）是「反面地」、「實然地」、「漠視地」否定非屬上開豁免範圍的有價證券型代幣的募集、發行，則是因為從交易監理的觀察來「反推」。因為：只有證券商才能經營具證券性質之虛擬通貨承銷、自行買賣、行紀、居間、代理業務（證券交易法第 44 條第 1 項）；但是，關於證券商應如何經營具證券性質之虛擬通貨承銷、自行買賣、行紀、居間、代理業務，也只有櫃檯買賣中心所訂之「證券商經營自行買賣具證券性質之虛擬通貨業務管理辦法」可資依循；又「證券商及其分支機構之設立條件、經營業務種類、申請程序、應檢附書件等事項之設置標準與其財務、業務及其他應遵行事項之規則，由主管機關定之」復為證券交易法第 44 條第 3 項所訂；上開「財團法人中華民國證券櫃檯買賣中心證券商經營自行買賣具證券性質之虛擬通貨業務管理辦法」有僅適用於特定範圍（豁免範圍）的有價證券型代幣。最後，證券商是將無從也不願（承擔違法爭議）經營具證券性質之虛擬通貨承銷、自行買賣、行紀、居間、代理業務。如此一來，等於否定非屬豁免範圍的有價證券型代幣的募集、發行。

在這裡，值得附帶要提到的，則是「虛擬貨幣交易所」的窘境。虛擬通貨交易平台，也就是通稱的「虛擬貨幣交易所」，其類型可分為代購代售與交易撮合平台。前者係以自己持有或以客戶存放之虛擬通貨部位（需要有庫存虛擬通貨部位，若庫存部位不足，可透過買入，以進行調節），在平台上對其買賣方客戶提供雙向報價交易；後者提供買、賣客戶下單之交易撮合平台（沒有庫存虛擬通貨部位）。這些做法，可能牽涉的是從事虛擬通貨承銷、自行買賣、行紀、居間、代理之全部或一部業務我國金管會所採取的如上監理邏輯固然是政策問題，姑且不論是好是壞，但幾乎可以確定，坊間林立的虛擬貨幣交易，都走在鋼索之上。為何稱之為走鋼索，那是因為左傾右傾都是風險。蓋，本文先前討論過，因為我國司法實務判決一度認為「資金、款項皆得作為匯兌業務之客體，並無法定貨幣或外國貨幣等之限制」，[75]所以，在虛擬貨幣之性質為支付型代幣的狀況下，交易平台業者（坊間林立的虛擬貨幣交易所）應留意是否有落入銀行法第 29 條（除法律另有規定者外，非銀行不得經營收受存款、受託

---

[75] 最高法院 95 年度臺上字第 5910 號判決、臺灣高等法院高雄分院 104 年度金上訴字第 6 號刑事判決

經理信託資金、公眾財產或辦理國內外匯兌業務。）適用之餘地；而這裡，則需提醒交易平台業者坊間林立的虛擬貨幣交易所，應留意其所為之承銷、自行買賣、行紀、居間、代理之虛擬貨幣（通貨）是否為有價證券型代幣業務，否則可能有違反證券交易法第 44 條之疑慮。

這時候，坊間林立的虛擬貨幣交易所要確保有能力理清虛擬貨幣的屬性，也就是確保業務上所觸及的，僅是工具型代幣。[76]更重要的，這些虛擬貨幣交易所也要能確保其主觀的認知（評估）與主管機關或司法的認定一致。

同樣的，在美國的監理上，也是如此。除了先前提到的美國司法部起訴 Helix 平台無照經營匯款業務外，2018 年的 EtherDelta 案更是 SEC 也介入虛擬貨幣交易所交易有價證券型代幣的指標事例。EtherDelta 是一個線上平台，主要是用來供買賣雙方作為以太幣及基於以太坊 ERC20 協定所發行的代幣的次級市場交易。SEC 認為 EtherDelta 用戶進行交易的 ERC-20 代幣中，有些是落入聯邦證券法所定義的證券型代幣的。EtherDelta 即便只是一個交易平台，但它容許甚至經營的業務就是讓證券型代幣買賣在其平台進行，而且交易都是發生在 DAO 案之後，SEC 因此認為 EtherDelta 的創辦人 Zachary Coburn 在未向 SEC 註冊或申請豁免的狀況下的經營行為是違反證交法第 21 條（unregistered securities exchange）。該案件於 2018 年 11 月 8 日和解。而它所透漏的指標性訊息則是即便是線上的去中心化交易所，一樣有證券交易法之適用。此外，在處理銷售（a seller of digital tokens）虛擬貨幣的 TokenLot 案中（號稱為 ICO Superstore），SEC 則將之認定為證券經紀商（broker-dealer），以其未經註冊為由，起訴經營人 Kugel 和 Lewitt，[77]該案件終於 2018 年 9 月 11 日和解。

---

[76] 需再次強調的是，即便是工具型代幣之交易平台也不是必然完全沒有管理規範。美國聯邦層級財政部金融犯罪網（FinCEN）視虛擬通貨平台業者為資金服務業（Money Services Businesses, MSB），應接受反洗錢相關規範。又，在部分州，虛擬通貨服務業者應向州政府金融主管機關取得執照才可經營交易平台，例如紐約州金融服務署（NYDFS）發給之執照（Bitlicense）；但部分州則即便是任意設置，但仍要求建構洗錢監管措施。

[77] *See* https://www.sec.gov/litigation/admin/2018/33-10543.pdf

## 5.3 對於我國監理規範的幾點觀察

### 5.3.1 監理政策應該被肯定

　　如同我國央行 105 年 3 月 24 日央行理監事會後記者會參考資料附錄 3 中所稱的「沒有任何一個國家認定虛擬通貨為法定貨幣，亦不具有法償效力；虛擬通貨只是買賣雙方合意的契約貨幣（contractual money），充當彼此間的支付工具。」，且如同 BIS 研究報告所觀察，「虛擬貨幣尚難取代中心化機構之貨幣」[78]。因此，它的發行、流通之所以被接受，是市場的實然，而且是維繫在持有人或社群的個別或集體的「信任」或「信心」之上，不是由法律或政策所支持的「信任」或「信心」。所以，除了反洗錢與反資恐的議題以外，在無法取代法定貨幣、不影響法定貨幣政策的情況下（至少目前如此），持有人或社群願意持有虛擬貨幣（不管來自初級市場的募集發行或是次級市場的交易），可以說是自由經濟體系下的單純的商品（央行稱之為契約貨幣）交易的問題。從這個角度來看，國家的政策如果要「預為」介入單純的商品交易，恐怕要有強而有力的公共利益作為支撐，否則，將市場的問題留給市場處理（例如，所謂後市場管理邏輯的私法履約爭議解決機制、既有的刑事詐欺告訴等），不失為一種「監理」哲學。

　　但，從前述的分析介紹可知，主流的監理趨勢顯然是著重在金錢（銀行）業管理與證券交易管理的思維，而金錢（銀行）業管理與證券交易管理的監理通常事涉刑責。因此，常常有人質疑，如此「高規格的」監理要求，恐怕會不利於創新。但如果進一步理解區塊鏈技術與虛擬貨幣的關係、進一步理清虛擬貨幣的屬性，應該可以理解這樣的說法，並非全然正確。

　　一開始，本文用了不少的篇幅，嘗試以最簡單的方式從比特幣開始來說明區塊鏈的技術，以及從比特幣到以太坊的公鏈發展，並進以從智能合約、應用

---

[78] Supra note 22

程式的概念，說明原生幣、應用幣的概念。這些可以說是最表層的技術介紹，就是希望理清虛擬貨幣的發行與區塊鏈的關係、和分散式應用程式的關係。

就工具型代幣而言，本質上是為近用底層的系統平台或是分散式應用程式而存在，通常也是系統平台參與者（礦工，驗證節點）或是應用程式創建者、開發者等的誘因、報酬，因此，監理的拿捏上不但易失分寸，甚至真有可能抑制新創（尤其甚至可能有些工具型代幣，是根本無關傳統金錢或財產的，例如：投標等以太坊白皮說所提到的「非常規性代幣」）。因為，此種情境下的發幣，其「作用」是著眼在「誘因」、是著眼在為讓區塊鏈技術的創新、應用與發展有更大的動力，則不能否認的，在這種情況下，如果對於虛擬貨幣發行、交易過度監理，確實可能抑制區塊鏈技術的創新。

但別忘了，虛擬貨幣，是區塊鏈技術應用的一環而已，如同本文先前說明的，發展應用程式不必然要發幣，而事實上，依據虛擬貨幣的架構設計與用途，也不是只有工具型代幣而已，反之，支付型代幣、有價證券型代幣，這些都有可能逸脫於所謂「系統平台以及應用程式生態圈」之外，而與現實社會產生實際連結。所以，如果「無差別地」說，對於虛擬貨幣發行、交易過度監理，可能抑制區塊鏈技術創新，則並非全然正確。反之，虛擬貨幣一旦涉及金錢價值的儲存、公開的公眾募集，就有可能變成迴避金錢（銀行）或有價證券監理的工具，只要金錢（銀行）監理或有價證券監理制度的存在的理由是成立的，那就當然沒有因為只是利用區塊鏈技術做了貨幣存儲、支付，或只是利用區塊鏈技術做了有價證券發行、交易，就應該要「鬆綁」不然就是妨礙新創的道理。

本文認為現在實務上所要認真面對的，不是「管太緊」的問題，而是不要因為「不容易管」而通通放任，或通通嚴予拒卻。也就是說，真正需要面對、處理的是如何把實體世界的金錢（銀行）業與有價證券監理經驗，「適當地」移殖於表徵金錢、股、債、任何形式的受益權的虛擬貨幣發行與交易的監理。

## 5.3.2 我國採取的監理模式

從上述的監理架構來看，除了完全禁止非法定貨幣性質（央行發行）的虛

擬貨幣發行與交易以外（例如：中國），基本上，所謂的監理，可以說是著重在類銀行監理（金錢儲值、資金匯兌）、類證券監理（募資與發行）以及洗錢防制與反資恐這三個面向上。

如果從監理的法規範模式來看，則可以區分為二大類型。其一：另立專法規範；其二：以現行金融法規（例如銀行法等金錢業法與證券交易法）來規範（當然，還有一種可能，就是所謂的金融創新實驗－沙盒機制，但嚴格的來說，它仍然是以既有金融法規規範的一種模式。）

談到另立規範，馬爾他的做法最為特別。從主管機關的創設、實體專法的制定，乃至相關產業的輔導，馬爾他做了全面性的立法規範。[79]但事實上，馬爾他所採用的是「規範賸餘」的監理邏輯，說白了，就是一旦虛擬貨幣被認為是Financial Instrument（有價證券），還是歸由有價證券法制監理、被認為是電子錢，還是由支付法制監理，只有虛擬貨幣不屬於有價證券，也不屬於電子錢，然後又不屬於不需要監理的純工具型代幣，才由 Virtual Financial Assets Act 來「填空」。也就是說，並不是不以現行金融法規（例如銀行法等金錢業法與證券交易法）來規範虛擬貨幣，而是對於現行金融法規「補遺」。

至於我國，則是採上述第二種規範模式，將有價證券型代幣核定為證券交易法所稱之有價證券，再依證券交易法第 22 條第 1 項規定核定豁免申報的有價證券型代幣的種類範圍（僅限於募集發行金額新臺幣三千萬元以下之不具有

---

[79] 馬爾他的 Virtual Financial Assets Act 是虛擬貨幣監理的核心法律，規範虛擬貨幣的發行、交易以及與虛擬貨幣有關的金融服務，包括交易所，資產管理公司和其他中介機構等。主要包括白皮書的內容和發布、ICO 的發行程序和廣告限制、相關的任何金融服務的任何服務提供商的許可，以及明確賦予 Malta Financial Services Authority 執行權和調查權；Malta Digital Innovation Authority Act 的立法，則為創設「數位創新局」提供了法律上的依據，「數位創新局」則是促進馬爾他區塊鏈技術發展的政府機構。對國內的主要職務是管理 Innovative Technology Arrangements and Services Act（TAS）下的註冊和認證制度；就國外而言則主要是在區塊鏈技術的設計與應用上，與其他國家或組織合作以建立和執行道德標準、法規標準等；Innovative Technology Arrangements and Services Act 則是建立了技術服務提供商（Technology Service Providers）自願註冊制度以及 DLT 技術安排（Technology Arrangements）自願認證的制度，以促進虛擬貨幣的技術和區塊鏈技術的透明度度與可問責性。DLT 有關的軟體、架構、應用程式和技術，還有提供審查服務（auditing services）的技術服務提供商，都可以依循法令之規定取得政府的認可。

股東權益之分潤型及債務型虛擬通貨，且依財團法人中華民國證券櫃檯買賣中心證券商經營自行買賣具證券性質之虛擬通貨業務管理辦法規定辦理者），由證券商依據櫃買中心所訂之證券商經營自行買賣具證券性質之虛擬通貨業務管理辦法規定辦理。

## 5.3.3 我國監理態度偏屬保守

當前，針對所謂工具型代幣，我國尚無特定之監理規範；至於支付型代幣的監理，則以其是否涉及金錢儲值來觀察，一旦涉及儲值，就有電子票證發行管理條例、電子支付機構管理條例納入監理的餘地，此外，值得注意的是我國司法實務態度究竟如何解釋銀行法第 29 條所稱之匯兌，如果支付型代幣被認為是資金、款項，而得作為匯兌業務之客體，則銀行法也會介入監理。

至於有價證券型代幣，以當前金管會之規範來看，可以用「全面納管、有限豁免」的概念來形容。這裡，整理其監理邏輯如下：1、將證券型代幣納管：依據證券交易法第 6 條第 1 項規定，核定具證券性質之虛擬通貨為證券交易法所稱之有價證券；2、有限度豁免：依證券交易法第 22 條第 1 項規定核定豁免申報的有價證券型代幣的種類範圍限於：（1）募集發行金額新臺幣三千萬元以下；（2）並應依財團法人中華民國證券櫃檯買賣中心證券商經營自行買賣具證券性質之虛擬通貨業務管理辦法規定辦理；（3）以不具有股東權益之分潤型及債務型虛擬通貨為限。這種透過交易平台發行或由交易平台發行之模式，在業界稱之為 IEO（Initial Exchange Offering）。依我國現行規範，STO 的做法只限於以 IEO 方式為之，且限於證券商循櫃買中心證券商經營自行買賣具證券性質之虛擬通貨業務管理辦法規定辦理，並以不具有股東權益之分潤型及債務型虛擬通貨為限，才可以豁免申報生效之義務。

換句話說，不屬於豁免類型的有價證券型代幣之發行都要申報生效後始得為之申請。發行人一旦未能依上開豁免原則發行，又未依證券交易法第 22 條申報，則將有證券交易法第 174 條第 2 項第 3 款式用，得處五年以下有期徒刑，得科或併科新臺幣一千五百萬元以下罰金。但問題是：假設，發行人真的來申

報了，主管機關又該怎麼處理？還是說，這樣的監理模式是根本不容許非豁免類型的有價證券型代幣發行？如果是後者，則監理態度顯然偏屬保守而嚴謹。

## 5.3.4 主管機關面對不同類型證券型代幣的監理態度無法預期

因為代幣應用及發展歷程不夠久遠，行為人其實很難預期主管機關面對不同應用類型的證券型代幣的監理態度。就像是現實世界裡的有價證券種類繁多一般，所謂 STO 中的「S」字，在不同情境下也會是不同的 security，當然，對應現實法律規範，也應該適用不同的監理架構處理。

關於有價證券型代幣的應用，通常，甚至主流應用多與資產證券化有關，而其做法就是透過智能合約，能夠讓資產收益透明、分配條件更特定，而 Token 就是資產收益分配、投資信託憑證或資產信託憑證。

但，過去我國所關心的，似乎偏向「發行人募資以發展特定項目（計畫）」的課題，而這種資產收益分配或信託透過智能合約分配的應用，似乎反而不是我國所關心。這類做法，在我國究竟如何看待？例如，在以不動產做為不動產投產信託 REITs（Real Estate Investment Trusts）或不動產資產信託 REATs（Real Estate Asset Trusts）代幣的標的時，不動產證券化條例應否適用？如何適用？

在區塊鏈系統平台上的這類業務，它的「受託」、「收益」、「分配」可能也可以都是在應用軟體、智能合約上執行、甚至本來就是 P2P 模式，所以不見得會有「實體」公司，可能沒有所謂受託機構，那又如何合乎該不動產證券化條例第 4 條第 2 項規定受託機構應為信託業法所稱之信託業，且合於一定資格為限的要求？不動產證券化條例第 33 條之規定（除其他法律另有規定外，非信託業不得辦理不特定多數人委託經理信託業務）要又如何適用等，均有待釐清。

或有認為，所有的創新應用，當可以透過金融科技發展與創新實驗條例的沙盒機制（「金融監理沙盒（Financial Regulatory Sandbox）」）來進行，也就是由主管機關核准創新實驗於實驗期間排除特定法規命令或行政規則全部或一部之適用，並免除申請人相關行政責任（洗錢防制法、資恐防制法及相關法規

則不排除），而創新實驗行為並得依法豁免特定刑責。但。即便先不論法規豁免之實驗期最長僅 3 年（創新實驗期間以 1 年為限，必要時得申請延長 1 次最長 6 個月，但該實驗內容涉及應修正法律時，延長次數不以 1 次為限，總實驗期間最長可達 3 年），也不論這機制基本上只限在實驗期提供業者研發試作的安全環境，實驗完成後，還是要依各業法規申請業務許可。更重要的是，它的適用是以創新（實驗）科技屬於原應由金管會核准的特許金融業務為前提，但，在虛擬貨幣與區塊鏈應用的情境中，最難的（最有爭議）卻又是「是否屬於應由金管會核准的特許金融業務」的認定（詳後，也就是要有解構、理解統平台架構、智能合約、應用程式、虛擬貨幣上的電磁資訊的能力）。如此一來，要面對的，恐怕是雞生蛋亦或是蛋生雞的矛盾問題。對業者而言，可能從來不會認知自己從事的區塊鏈應用創新，要保守的利用進入沙盒的方式處理，反之，對主管機關而言，亦然。

就此，美國 SEC 的 No Action Letters（「不採取行動」函）的機制，則或許可以做為參考適例。也就是說，當任何個人或實體不確定所發行或（平台業者）交易的虛擬貨幣時是否構成違反聯邦證券法，可以請求 SEC 承辦人員發出「不採取行動」函。「不採取行動」函大致內容會記載申請人的描述，並分析該特定事實和情境是否適用某些法律和規則。一旦取得「不採取行動」函，則意謂著 SEC 承辦人員不會建議委員會對該特定事實和情境採取強制執行行動。[80]如此作法，或許可以增加執法的可預期性，而且不至於讓新創事業處於風聲鶴唳的緊張氛圍，畢竟，事涉通常刑責不輕的金融監理法規。

例如在 2019 年 4 月 3 日，Division of Corporation Finance 回應 TurnKey Jet，Inc.，針對 TurnKey Jet，Inc.申請書[81]中的事實描述（This position is based on the representations made to the Division in your letter.），臚列數點條件前提，同意 TurnKey Tokens 不是有價證券型代幣，即屬 SEC 針對虛擬貨幣所做出的第一

---

[80] *See* No Action Letters, SEC, https://www.sec.gov/fast-answers/answersnoactionhtm.html (last visited 2021/1/27)

[81] *See* https://www.sec.gov/divisions/corpfin/cf-noaction/2019/turnkey-jet-040219-2a1-incoming.pdf

個「不採取行動」函。[82]

## 5.3.5 落實監理模式的困境

　　如前所述，我國採取相對保守的監理策略。但實際上，能否達到本文先前所提到的「把實體世界的金錢（銀行）業與有價證券監理經驗，適當地移殖於虛擬貨幣發行與交易的監理」是有疑義的。

　　以最基本的「屬性確認」前提來說，我們之所以能夠定義、區分什麼是資金、款項、股、債、任何形式的受益權（憑證）等，是因為自然語言可以形成最基本社會的共識，有共同一致的定義與認知（即便如此，都還可能發生意思表示錯誤、解釋當事人真意不一等、法律解釋與適用學理不同等等的爭議）。而今，政策層面上或法律執行層面所面臨的，是虛擬世界的程式語言。政府必須決定是不是介入監理的對象，是以程式語言所呈現的系統平台架構、智能合約、應用程式、虛擬貨幣上的電磁資訊。此時，要區辨虛擬貨幣的屬性認定，已經不是靠白皮書上用自然語言呈現的文字所能做到的，而是要有解構、理解統平台架構、智能合約、應用程式、虛擬貨幣上的電磁資訊的能力。所以，到底監理機關甚至執法機關能否做到，本身就是問題。換句話說，如果「讀不懂」程式語言，或者「讀得懂」程式語言，但無法將其概念對應於法律用語或定性（例如：所謂儲存價值、所謂的 Howey Test），恐怕連虛擬貨幣本身的屬性，都無法確定。如此一來，要以如何的標準、強度來監理？

　　這樣的問題，其實不是在於確認虛擬貨幣屬性這件事情而已，甚至，確認屬性後進到監理體系中，要再進一步理清發行人是否遵循相關發行或交易的規定，也是難題。例如，以財團法人中華民國證券櫃檯買賣中心證券商經營自行買賣具證券性質之虛擬通貨業務管理辦法第 29 條第 6 款規定「證券商經履行盡職調查程序確認發行人符合下列各款條件者，始得於交易平台揭示發行人基本資料及募資之相關資訊：…六、發行之虛擬通貨利用程式碼自動執行之內容

---

[82] *See* Response of the Division of Corporation Finance, SEC, https://www.sec.gov/divisions/corpfin/cf-noaction/2019/turnkey-jet-040219-2a1.htm (last visited 2021/1/27)

與公開說明書相關記載事項一致。…」為例，這意味著證券商要有能力解構、理解統平台架構、智能合約、應用程式、虛擬貨幣上的電磁資訊，否則如何履行盡職調查程序？顯然地，此時「金融」、「資訊」、「法律」的整合角色即屬重要。更何況，當具證券性質之虛擬通貨發行人打算在證券商買賣時，上開「管理辦法」第 26 條固然要求要提出公開說明書，而其應記載事項則依照「財團法人中華民國證券櫃檯買賣中心申請發行具證券性質之虛擬通貨於證券商營業處所買賣之公開說明書應行記載事項準則」為之。但「應記載事項準則」的規定雖然捉住了虛擬貨幣的高風險特質，在發行人的財務揭露事宜著墨最深，但是，卻忽略了虛擬貨幣高技術成分，因此其第 11 點就發行虛擬通貨應記載事項的規定[83]中，根本沒有要求開源（程式碼揭露）。如此一來，則更難理解證券商要如何做到管理辦法第 29 條第 6 款的盡職調查程序。也就是說，我國櫃檯買賣中心的「管理辦法」以及「應記載事項準則」中所說的「公開說明書」基本上與業界普遍認知的白皮書根本是二件事，而現行規範並未如馬爾他 Virtual Financial Assets Act 中，規範白皮書應該記載之事項及公告（the content and publication of whitepapers），也因此，很可能無法達到預期的監理目的。

此外，「管理辦法」第 26 條[84]規定的專家意見固然有其必要，但顯然未要求資訊技術專家就「程式碼自動執行之內容與公開說明書相關記載事項一致」

---

[83] 包括：「本次發行虛擬通貨應記載下列事項：一、本次發行虛擬通貨之名稱、種類（分潤型或債務型）、數量、發行價格、總募資金額、募資下限及債務型虛擬通貨之到期日。二、本次發行虛擬通貨之其他權利。三、未來之分潤方式或付息政策。四、本次發行計畫及其效益之可行性、必要性及合理性。五、本次發行價格之訂定方式。六、資金之運用進度及本計畫完成後預計可能產生之效益。七、發行後之買回機制。八、所使用之相關技術規格及該技術是否取得相關認證

[84] 第 26 條規定：發行人發行虛擬通貨者，應檢具發行人發行虛擬通貨申請書，備齊公開說明書等相關書件，向證券商提出申請。前項公開說明書應記載之事項，由本中心另訂之，且應揭露下列專家意見：一、資訊技術專家就本次發行虛擬通貨所使用資訊技術之安全性等出具意見。二、財務專家（證券承銷商或非簽證之會計師）就發行價格之合理性出具意見。三、律師就本次發行虛擬通貨之適法性出具意見。前項專家及律師於出具意見書時，應依下列事項辦理：一、承接案件前，應審慎評估自身專業能力、實務經驗，且不得與發行人有直接或間接之利害關係而足以影響獨立性。二、應妥善規劃及執行適當作業流程，以形成結論並據以出具意見書；並將所執行程序、蒐集資料及結論，詳實登載於案件工作底稿。三、對於所使用之資料來源、參數及資訊等，應逐項評估其完整性、正確性及合理性，以做為出具意見書之基礎。

表示意見，如此一來，變成證券商必須單獨承擔管理辦法第 29 條第 6 款盡職調查程序中關於「程式碼自動執行之內容與公開說明書相關記載事項一致」的判斷，如此的負擔恐怕不輕。更何況，上述所謂「公開說明書相關記載事項」所指為何？係指「應記載事項準則」第 11 點？（「本次發行虛擬通貨應記載下列事項…」）若然，本文甚至建議應該於「應記載事項準則」第 11 點中增列第 9 款：「其他利用程式碼自動執行之內容」，此外，如果能夠清楚指示可資查詢程式碼開源之網址，則此公開（公示）方式對虛擬貨幣投資人而言，更有意義。

　　末，依「管理辦法」第 26 條[85]規定應揭露的專家意見包括資訊技術專家針對本次發行虛擬通貨所採用資訊技術之安全性、財務專家針對發行價格之合理性，以及律師針對本次發行虛擬通貨之適法性等意見。所以，財務專家以及律師不能不對虛擬通貨本身有所認識有所理解。如同該條其立法說明所說的「虛擬通貨屬技術含量及風險程度較高之產品」，則財務專家所認知之傳統財務模型、律師所受之傳統法學訓練，在欠缺技術對話能力下，如何勝任。尤其是所謂發行價格合理性評估，需要的，恐怕不僅是虛擬貨幣的技術常識而已，甚至連區塊鏈技術發展趨勢（底層架構技術創新，甚至從公鏈到聯盟鏈的趨勢優劣等）、應用程式生態，虛擬貨幣產業應用、競爭與替代市場關聯等，也就是所謂 tokenomics ecosystem 都不能不有所研究，實屬不易。尤其是「管理辦法」第 26 條第 2 項第 3 款規定「前項專家及律師於出具意見書時，應依下列事項辦理：…三、對於所使用之資料來源、參數及資訊等，應逐項評估其完整性、正確性及合理性，以做為出具意見書之基礎。」，根本是課予範圍未知，甚至是無盡的「准擔保責任」（尤其是「完整性」要件），恐有窒礙難行之虞。最後，恐怕沒有專家、律師願意「背書」，而最終之結果就是宣告有價證券型虛擬貨幣死刑或反而變相鼓勵有價證券型代幣發展地下經濟。

---

[85] 同前註

# 第六章　交易爭議的主要類型分析

　　本文第五章所談的，是關於公部門的監理課題。指的是國家對於虛擬貨幣（發行及交易）的管制，其目的可能出於貨幣政策、物價穩定、金融秩序、消費者保護等面向，至於「交易相對人間」的權利義務規範，也就是交易相對人間的爭議，則於本章介紹、分析。當然，所謂的「交易相對人間」，則包括發行人與初級市場交易對象間，以及次級市場的交易雙方間。

## 6.1 詐騙疑義

　　把詐騙當作一個類型來形容虛擬貨幣交易的爭議，其實有點攏統，如果進一步細緻化說明，則至少可以區分二大類別的常見態樣。其一：根本不存在區塊鏈系統平台或應用程式，卻發行虛擬貨幣；其二：雖有區塊鏈系統平台或應用程式，但所發行的虛擬貨幣（程式碼自動執行之內容）與系統平台或應用程式與白皮書的文字說明有所差別。

　　前者，就是所謂的空氣幣。所謂的發行人通常還是準備有白皮書，就系統平台創建者而言，會在白皮書上介紹區塊鏈技術的底層架構；就應用軟體創建者而言，則在白皮書提出待解決（擬處理）的問題以及 Dapp（提出）的解決方案等。2018 年時，可以說是虛擬貨幣 ICO 的風潮最盛時期（之後因為各國監理思維愈趨成熟且洗錢與資恐議題浮現，ICO 確實較為謹慎而非單純跟風），但當年華爾街日報比對全球 1,450 份 ICO 白皮書，竟然發現近 2 成內容陳述彼此抄襲、ICO 團隊與組織成員造假、或允諾誇張不實的報酬之情事。這樣的資訊所顯示的，就是詐騙手段搭上區塊鏈議題而滲入其中。因為，除非系統平台

或應用軟體架構相同，否則哪來白皮書可以相互抄襲的餘地。這種虛擬貨幣基本上就是空氣，也是毫無疑義的詐騙類型。

至於後者，也就是「虛擬貨幣（程式碼自動執行之內容）與系統平台或應用程式與白皮書的文字說明有所差別」[86] 一事，是否可以認為是詐騙？則因為虛擬貨幣屬性不同，難以一概而論，所以容易會有認定上的爭議。事實上，這種情形之所以會被質疑為詐騙，通常就是「價值落差」與「資訊落差」（包含積極誇大、消極隱匿與揭露不足）而生。

如前所述，虛擬通貨可以是單純的鏈上工具，也就是工具型代幣。由於工具型代幣主要是用以近用區塊鏈系統平台（作為在區塊鏈上架構或執行應用程式時的手續費）或近用分散式應用程式，或是作礦工或應用程式生態貢獻者的獎勵（誘因）。所以，它的價值就是來自底層技術（鏈）與 Dapp 的價值，也就是市場的接受度。或者，更精確的說，它的價值是系統平台本身或應用程式本身的供需關係所創造的。

虛擬通貨可以是單純的支付工具，就是支付型代幣的一種，它因為存儲法定通貨的價值而相當於金錢（表徵，如子通貨代幣），這時候它的價值相對較為穩定，而與現實世界的法定通貨相當（或價值可得相兌）；不過，有些虛擬通貨「連結」的不是法定貨幣，但某些原因使它具有高貨幣性（流通、被接受）而被歸為支付工具時，此時，它的價值就會因為被接受（通常是特定社群）程度的變動而有所變化，可以說是由「（愛好者）生態圈」內的供需法則決定（價值）。

虛擬通貨可以是做為權利表徵而直接連結某一實體財產價值（股、債、收益權等）的，也就是有價證券型代幣。它價值來自於初級市場對於實體財產價

---

[86] 實務所稱之白皮書與我國櫃買中心要求的「公開說明書」並非相同文件。我國櫃買中心所訂「管理辦法」第 29 條第 6 款規定證券商的盡職調查程序中，包含有「程式碼自動執行之內容與公開說明書相關記載事項一致」乙項，但上述所謂「公開說明書相關記載事項」所指為何？實則意義不明。如果，是指「應記載事項準則」第 11 點？（「本次發行虛擬通貨應記載下列事項…」），則依其所列內容，則顯然未竟周全，而無法做有意義的調查比對。如果上述所謂「公開說明書相關記載事項」指的就是「應記載事項準則」第 11 點，則本文建議應該於「應記載事項準則」第 11 點中增列第 9 款：「其他利用程式碼自動執行之內容」較為周全。

值的評價以外，也可能因為次級市場的存在（或操作）而發生價值遠高於權利本身（基本面）的情形。

　　此外，某些虛擬貨幣也可能會有兼具以上三種性質代幣屬性的情形，而它的價值形成，也將更為複雜。至於以太坊的 2015 白皮書提到的代幣系統（Token Systems）中，也包含了完全與通常價值無關的「非常規性代幣」（token systems with no ties to conventional value at all），則當然不討論其價值形成之問題。

　　從以上說明可知，除了因為存儲法定通貨的價值而相當於金錢的純支付型代幣以外，每一個人對於虛擬貨幣的價值是很難有一致性的評價的。

　　在非屬存儲法定通貨的價值的支付型代幣情境中，它的本質還是工具型代幣，只是某些原因使它具有高貨幣性（流通、被接受）。除非是系統平台的建構者與應用程式的創建者積極宣稱（訛稱）其支付、流通功能，否則，應不至於有所謂「虛擬貨幣（程式碼自動執行之內容）與系統平台或應用程式與白皮書的文字說明有所差別」的餘地。如前所述，它的價值是由「（愛好者）生態圈」內的供需法則決定（價值）的，也因此可以說是一種「自承風險」的交易（買賣、投資或其他），只要沒有所謂宣稱（訛稱）其支付、流通功能，而是市場（消費者自發性）預期此類代幣將可能有支付、流通功能，都難認為是詐騙。

　　再，在工具型代幣的情境下，區塊鏈系統平台或分散式應用程式如果是持續研發或修正的情況下，是有可能造成「虛擬貨幣（程式碼自動執行之內容）與系統平台或應用程式與白皮書的文字說明有所差別」的狀況，這時候，通常會發布所謂的「白皮書 2.0（版）」，也會有所謂的代幣（2.0）轉換機制。如上所述，純粹工具型代幣的價值，是系統平台本身或應用程式本身的供需關係所創造的，所以，白皮書 2.0 的發布，究竟會使代幣 2.0 產生怎樣的價值變化？代幣 1.0 持有者原本預期的近用權是否（因為落差）而受損害？都是值得討論的。就發行人與初級市場交易對象間而言，這種情境所生之爭議，應該是「債務不履行」的問題，也可能是消費者保護法的問題（例如：預付型商品或類似禮券的相關規範），而與詐騙（也就是侵權行為）無關。至於次級市場的交易雙方

自比特幣技術的特徵論虛擬貨幣的法律特性及其相關議題

間則更無關所謂詐騙，應討論的則是工具型代幣既然是對系統平台的建構者與應用程式的創建者的一種（近用）請求權（right to access），則次級市場的交易應認為是債權讓與（因為虛擬貨幣交易基本上是幣幣互易的，所以，如果是所謂不可替代代幣，non-fungible token，例如 ERC-721 、ERC-1400 standard，就沒有所謂的讓與可言），此時，還是回到系統平台的建構者與應用程式（Dapps）的創建者的「債務不履行」或消費者保護的問題。

　　至於在有價證券型代幣，所要關心的就不是只有「虛擬貨幣（程式碼自動執行之內容）與系統平台或應用程式與白皮書的文字說明有所差別」的狀況而已，舉凡依法令（例如證券交易法；但，依代幣表彰之權利所應適用之法律，不並以證券交易法為限）所需備置之公開說明書如有不實登載，也有構成詐騙之餘地。例如，證券交易法第 20 條所揭「有價證券之募集、發行、私募或買賣，不得有虛偽、詐欺或其他足致他人誤信之行為」即屬此種情形。當然，上述在討論工具型代幣時提到的「白皮書 2.0（版）」、「代幣（2.0）轉換機制」的情形，在有價證券型代幣中也可能發生，其處理原則均得參據。

　　最後，尚需留意者，乃除了虛擬貨幣本身有可能是空氣幣而事涉詐騙者外，也有可能是虛擬貨幣本身沒有問題，但以虛擬貨幣投資為名的「周邊話術」成為常見詐騙手段。包括：投資礦機（場）、智能搬磚等最為常見卻似是而非之手段。而這些手段，最常結合的就是非法多層次傳銷做法，甚至絕大多數都是不惜以保證獲利、固定配息為號召，本身都有銀行法第 29 條[87]、多層次傳銷管理法第 18 條、29 條之違法疑慮。

　　例如，在投資礦機（場）類型中，常見範圍行為人要求投資人以主流虛擬貨幣（例如比特幣、以太幣）當作投資款，投資礦工（礦機、礦場），而允與保證、固定收益。投資人認知挖礦是區塊鏈的驗證，但卻缺乏挖礦是節點的打包競賽（甚至是機率）的認知，也就是事實上沒有一個礦工（礦機、礦場）可以保證每天、每月，甚至每年有多少的獎勵。試問，如何允與保證、固定收益。

　　又例如，在虛擬貨幣交易中，存有所謂「搬磚」的套利模式。簡單的來說，

---

[87] 例如最高法院 109 年台上字第 730 號刑事確定判決中（銀行法）的暗黑幣、霹克幣等招攬投資模式

他的操作方式，就是利用不同交易所間對於同一虛擬貨幣的不同搓合交易價格進行高賣低買的操作。但事實上，這需要快速的資訊流通，也需要快速完成交易（包括網路速度、操作速度），否則原本預期的高賣低買都可能反轉成高買低賣。因此，不少以號稱「代操搬磚套利」的話術出現，做法大致都是宣稱有夠快的網路、夠充足的資訊。由於是「代操」，委託方的虛擬貨幣（通常是以主流貨幣為標的）會交給平台管理，這中間如何建構平台的技術與法規範監理，確保不會「捲款潛逃」（最常見的是以系統維護為名而關站）、確保套利分配，將會是委託人所關心的。於是，發展出所謂保證收益、固定收益的誘騙話術，甚至高明一些的，還把「搬磚套利」包裝成錢包、應用程式並發行應用幣，誘使委託方（投資人）以主流貨幣存入其錢包，或換成根本是空氣幣的應用幣，或是白皮書與原始碼毫無相關的應用幣。類似的做法中，最有名的案例則非PlusToken Ponzi scheme 莫屬。[88]

## 6.2 消費者保護爭議

　　本文先前提及，發行工具型代幣而收取的金錢，性質上比較類似於預付型商品的交易，可以適用消費者保護法監理，當然，交易相對人間如果是企業經營者與消費者之關係，自當也有消費者保護法之適用。

---

[88] 2019 年幣圈裡所公認的最震撼的、史上最大的搬磚套利騙局，就是 PlusToken Ponzi scheme。他是以 cryptocurrency wallet 模式存在，宣稱投資人可以用比特幣或以太坊購買了 PlusToken 並使用其錢包相關服務，該錢包將獎勵其高回報率，包括搬磚利潤、採礦收入和轉介（拉人頭）收益。2017 無預警關網，詐騙風暴從 2018 延燒，直到現在都還被懷疑在市場上持續的在「洗」贓款，甚至數量火到影響比特幣的價格變動。See PlusToken Scammers Didn't Just Steal $2+ Billion Worth of Cryptocurrency. They May Also Be Driving Down the Price of Bitcoin, Insights (Dec 3,2020) , https://blog.chainalysis.com/reports/plustoken-scam-bitcoin-price (last visited 2021/1/27)。該投資爭議幾乎天天、陸續有所謂嫌疑犯被逮補，See 109 people arrested in $5.7 bln PlusToken pyramid scheme, CGTN (Aug 2,2020) , https://news.cgtn.com/news/2020-08-02/109-people-arrested-in-5-7-bln-PlusToken-pyramid-scheme-SCEQKPzTW0/index.html (last visited 2021/1/27)。但顯然地，持有私鑰的真正得利之犯嫌依然逍遙在外，持續操縱騙取之虛擬貨幣。

　　所謂消費者保護課題，並不是只有存在發行人與初級市場買賣相對人間而已，當中，更值得注意的，是所有關係人的角色問題，當中，包括交易平台（如交易所）、錢包業者等。這類為虛擬貨幣交易提供服務之人，如系統設計瑕疵、遭受駭客攻擊，或其他種種因素導致使用者受有損害，也都可能落入消費者保護法第 7 條第 1、3 項規定之範圍（「從事設計、生產、製造商品或提供服務之企業經營者，於提供商品流通進入市場，或提供服務時，應確保該商品或服務，符合當時科技或專業水準可合理期待之安全性。…企業經營者違反前二項規定，致生損害於消費者或第三人時，應負連帶賠償責任。但企業經營者能證明其無過失者，法院得減輕其賠償責任。」）

　　另外，值得一提的，是消費者保護法第 2 章第 3 節有關「特種交易」規範中的通訊交易。「特種交易」規範在虛擬貨幣的消費情境下，則是個有趣而值得討論的問題。所謂通訊交易，係指企業經營者以廣播、電視、電話、傳真、型錄、報紙、雜誌、網際網路、傳單或其他類似之方法，消費者於未能檢視商品或服務下而與企業經營者所訂立之契約。評價的重點是「消費者未能檢視商品或服務」。在通訊交易的情形下，除有合理例外情事者外，[89]消費者得於收受商品或接受服務後七日內，以退回商品或書面通知方式解除契約，無須說明理由及負擔任何費用或對價。然，該等規定於虛擬貨幣交易情境如何適用？

　　如前所述，不論是在原生幣或是應用幣的發行，系統平台的建構者與應用程式（Dapps）的創建者，原則上都會發布白皮書。大致上，系統平台創建者主要透過白皮書來說明底層架構，至少會包括交易、演算法、交易執行程序、區塊構成、共識機制、挖礦、原生幣、延伸應用等；應用軟體創建者則主要透過白皮書來說明該 Dapp 的技術內涵，通常至少[90]包括待解決（擬處理）的問題、Dapp（提出）的解決方案、Dapp 原始碼、系統架構、生態、應用幣（發行、分配及用途）、團隊、技術發展路徑（development roadmap）、風險與免責聲明等。換句話說，消費者可以在白皮書找到虛擬貨幣與系統平台或應用程式的關

---

[89] 104 年 12 月 31 日院臺消保字第 1040155809 號令發布通訊交易解除權合理例外情事適用準則參照

[90] 馬爾他的 Virtual Financial Assets Act 甚至對於白皮書必須要揭露哪些內容，做有強制的規定。

聯，確認透過虛擬貨幣可以取得、近用的服務。除非原始碼未經揭露，消費者可以（甚至是應該）透過原始碼的開源，確認白皮書的文字所敘述的系統平台或應用程式的運作架構是否與原始碼所呈現的狀態一致，因此，很難想像會發生「消費者於未能檢視商品或服務」情況下，而向企業經營者取得虛擬貨幣。若然，通訊交易的情境，似乎不會發生。[91]

再則，行政院（消保處）104 年 12 月 31 日院臺消保字第 1040155809 號令發布的通訊交易解除權合理例外情事適用準則第 2 條第 5 款將「非以有形媒介提供之數位內容或一經提供即為完成之線上服務，經消費者事先同意始提供。」排除消費者保護法第 19 條第 1 項解除權之適用。也就是說，依個別虛擬貨幣之架購與設計，如果被認定是「非以有形媒介提供之數位內容或一經提供即為完成之線上服務」者，亦無消費者保護法第 19 條第 1 項解除權行使之問題。

至於有價證券型代幣交易，則非必然有金融消費者保護法適用。金融消費者保護法第 5 條規定「本法所稱金融消費爭議，指金融消費者與金融服務業間因商品或服務所生之民事爭議。」；同法第 3 條第 1 項規定「本法所定金融服務業，包括銀行業、證券業、期貨業、保險業、電子票證業及其他經主管機關公告之金融服務業」，是以，除非是由上開特定之「金融服務業」發行虛擬貨幣或介入虛擬貨幣交易，尚無從以該法介入處理。事實上，參照財團法人中華民國證券櫃檯買賣中心申請發行具證券性質之虛擬通貨於證券商營業處所買賣之公開說明書應行記載事項第 8 條第 1 項第 1 款第 8 目之規定：「風險事項應記載事項如下：應分析評估下列風險因素及因應措施：（一）投資風險…8.投資人認購（買賣）虛擬通貨不適用金融消費者保護法相關規定，及證券投資人及期貨交易人保護法部分規定。」，亦可知原則上虛擬通貨不適用金融消費者保護法相關規定（但此部分之所以如此規定，當係與目前僅開放專業投資人投資有關，專業投資人不適用金融消費者保護法相關規定）。就此，如依市場發展

---

[91] 在有價證券型代幣發行的情境中，依財團法人中華民國證券櫃檯買賣中心所訂「證券商經營自行買賣具證券性質之虛擬通貨業務管理辦法」第 29 條第 6 款甚至要求證券商必須就「發行之虛擬通貨利用程式碼自動執行之內容與公開說明書相關記載事項一致」履行盡職調查程序確認後，始得於交易平台揭示發行人基本資料及募資之相關資訊。

之現實，確有其需要時，自當需由金融監督管理委員會另為公告，以求周全。

## 6.3 多層次傳銷

「多層次傳銷事業，應使其傳銷商之收入來源以合理市價推廣、銷售商品或服務為主，不得以介紹他人參加為主要收入來源。」、「違反第十八條規定者，處行為人七年以下有期徒刑，得併科新臺幣一億元以下罰金。」為多層次傳銷管理法第 6、18 所定。

前文提及，不少虛擬貨幣的發行，乃至於銷售，都是透過多層次傳銷的方式為之。甚至，不少利用虛擬貨幣風潮的話術，也是如此，如同本文在藉詐騙手段時所提及的，實務上常見所謂「投資挖礦」、[92]「投資搬磚」的騙局，多伴隨著以違法多層次傳銷方式為之。

我國實務上，乃認為多層次傳銷之管理規定不僅維護交易市場秩序之社會法益，亦保障多層次傳銷者之權益，屬民法第 184 條第 2 項保護他人之法律（最高法院 109 年台上字第 417 號、108 年台上字第 1863 號、105 年台上字第 1951 號民事判決等參照）。因此，虛擬貨幣的發行，乃至於銷售如果是以多層次傳銷方式為之，就必須注意遵守多層次傳銷管理法，尤其是避免變質為拉人頭的違法多層次傳銷。

此外，這類案件值得被討論的，則是「傳銷商」的窘境。參照多層次傳銷管理法第 5 條可知，所謂傳銷商就是參加多層次傳銷事業之人，也就是一般所稱之的「參加人」。多層次傳銷是透過傳銷商介紹他人參加而建立的（多層次傳銷管理法第 3 條參照）。傳銷商自己加入傳銷，也會推廣（介紹他人加入），換句話說，自己是他人的「下線」也會是他人的「上線」。如此一來，一旦整個虛擬貨幣的發行或銷售模式都被認為屬於非法多層是傳銷時，每個傳

---

銷商本身都會陷入同時為被害人也同時為加害人的窘境，因此「忍氣吞聲」的
結果，都使整個違法生態難以突破。

# 第七章　結論

　　區塊鏈技術的發展，是可以正向看待的。虛擬貨幣的發展可以是區塊鏈的必然產物，也可以本身就是一種應用，要談論虛擬貨幣不能欠缺技術的認識、法規（遵循）的意識。而且，依其用途可以有不同屬性。

　　屬性的確定，固然有助於監理政策的選擇。但面對虛擬貨幣，從不同的監理角度、不同的法規範體系來看，所關心的議題會不同，規範設計也當然會有所差異。大致來說，從貨幣政策主管機關（central bank）的立場來看，並未區分用途屬性，但承認它是種資產、是商品、是無法償效力的契約貨幣；從證券交易主管機關（Securities and Exchange Commission）的立場來看，著重其投資性質，可能就某些虛擬貨幣認定為有價證券；從銀行法制（Banking regulators，存款、匯兌等）以及洗錢防制或反資恐等犯罪防治主管機關（例如：美國的FinCEN）的立場來看，則著重其與法定貨幣兌換風險，可能就某些虛擬貨幣認定為其相關規範所稱之金錢（money）；從稅捐的立場來看，或重視其交易獲益的認定，而不必然需要定位其屬性。因此，虛擬貨幣之監理，事實上是一個廣泛的課題。

　　至於投資人投資虛擬貨幣，更不能缺乏基本的認識，要有足夠能力理解其程式碼、智能合約、白皮書之間的關係，否則難以避免發生詐騙爭議。

　　本文僅以有限篇幅，從基本技術說明出發，嘗試連結監理政策與法律以為介紹，期能拋磚引玉，為技術端、監理端、消費（投資）端的討論創造共鳴。

# 第八章　附論：發展中的趨勢：淺析去中心化金融（Decentralized Finance）

## 8.1 DeFi 及 DeFi Token

是的，在多數的人還沒弄懂什麼叫做區塊鏈？什麼叫做虛擬貨幣？還沒弄懂虛擬貨幣的種類、性質以及法律關係時，DeFi（Decentralized Finance）Token 就突以驚人之姿，掀起虛擬貨幣的另一個浪潮。要理解 DeFi Token(DeFi Money) 為何物前，就必須認識所謂的去中心化金融（Decentralized Finance，DeFi）指的是甚麼？而「DeFi 系統生態」又究竟是怎麼樣的一回事。

### 8.1.1 去中心化金融（Decentralized Finance，DeFi）

DeFi 是去中心化金融項目(project)的簡稱，但基本上，每個去中心化金融項目的內容，並不盡相同，所以，本文所舉之情境或生態系統，並不就代表是 DeFi 的全部，只是為說明他的概括架構而已。

所謂去中心化（Decentralized），就是不需要媒介（intermediation，在金融體系中通常指的是「足以信賴的第三方」，即中本聰所稱的 trusted third party）是區塊鏈技術的「強項」，甚至，我們可以說去中心化就是區塊鏈技術的發想源起，更是鏈上交易的靈魂所在，所以，這裡所談的 DeFi 指的是透過區塊鏈技術達到去中心化(或一定程度地去中心化)的金融應用。

　　至於所謂的金融（Finance），簡單理解就是「資金的融通（互通有無）」，就是資金需求者從供給者一方取得資金。如果更進一步區分，所謂取得資金(籌資)的方式，則包括直接金融或間接金融兩種途徑。上述所稱的直接金融（direct finance），是指供需雙方間透過金融市場（financial market）完成資金融通（market-based system），利得與風險由資金提供者直接取得或承擔；間接金融（indirect finance)則是指經由金融中介（financial intermediary）所促成的資金融通（intermediary-based system），利得與風險由中介者直接取得或承擔，資金提供者則間接受之，二者皆具有將資金由剩餘者移轉至短缺者之功能，所共同構成的就是所謂的金融體系（financial system）或金融結構（financial structure）。但事實上，就算是金融創新、金融自由的趨勢以及法治環境的完備，可能促進直接金融的規模，但號稱是「以市場為基礎」（market-based system）的直接金融（direct finance）仍不免要有資金供需方以外之其他第三人參與其中，這點，從屬於直接金融的股、債市，乃至資產證券化市場觀察，並不難明白。

　　即便在現實世界裡，直接金融、間接金融是否有統一的定義？直接金融、間接金融間，是否有絕對的優劣？直接金融、間接金融間是否有統一的比重計算衡量標準？等，都還有不同見地之際，區塊鏈技術應用的項目開發者已經嘗試利用其交易（紀錄）不重複、不可竄之優勢（因此不需要「足以信賴的第三方」），讓「資金」「融通」（互通有無）這件事能夠單純到「只剩下供需雙方」二個角色，DeFi 項目（project）因之興起。

## 8.1.2 DeFi 系統生態與 DeFi Token

　　說到這裡，應該會有個疑問：區塊鏈技術情境（區塊鏈網路）下的金融是甚麼？現實世界裡的金融（資金的融通）不難理解，直接明白的說，就是「互通有無，錢來錢去」，但區塊鏈技術情境（區塊鏈網路）下，融通的「資金」顯然不是「真的」「資金」，而是虛擬貨幣（或稱之為加密資產）的互通有無。所以，這裡的去中心化金融，會不會是種根本無法在現實世界裡落地的一種概念或「幣圈遊戲」而已？

　　為了理解區塊鏈技術情境（區塊鏈網路）下的 DeFi 系統生態的輪廓，首先，必須說明他的幾個構成要素（構面、構件）。不同系統平台的白皮書會揭露它不同的構件，但一般而言，通常（但不必然)包括（1）智能合約:去中心化的核心就是智能合約，所有的「互通有無」（例如借貸）及其「條件」（例如利息計算方式、擔保等）都是藉由智能合約實現；（2）穩定幣:穩定幣之所以存在，是為了減少虛擬貨幣交換價值的波動，但也因此讓區塊鏈技術情境(區塊鏈網路)下所融通的「資金」，與現實世界的「資金」概念產生連結；（3）去中心化交易所:其實就是透過智能合約來替代交易「中介」的環節，讓資金的融通能夠點對點的發生；（4）擔保機制:如同實體世界的金融一般，對參與金融活動的任一個角色而言，履約能力之確保依然是整個體系穩定存續的關鍵，這點，可以透過智能合約因應不同 DeFi 系統的特性與需求來處理

　　所以，不難發現的是，智能合約可以說是目前整個去中心化金融的核心。隨著不同金融業務的發展，這些智能合約也就必須能夠彼此堆疊、組合，也因此只要某個關鍵的智能合約存在程式碼漏洞，很可能會造成系統性風險。既然 DeFi 是以智能合約為中心而建置在區塊鏈底層上的項目或項目的組合，那麼，我們也就可以這樣「想像」，整個 DeFi 系統就如同是一個 Dapp，DeFi 系統生態就如同 Dapp 的生態。如此一來，就不難理解為什們會有所謂的 DeFi 幣。如參照本書前所做的簡單分類，區塊鏈架構上的「幣」包括有公鏈原生幣（Native token），以及其上不同 Dapps 其依據不同（項目）目的而設計的應用幣（App token），所以，所謂 DeFi 幣就可以理解成不同的 DeFi 系統依據其不同（項目）目的而設計的一種應用幣（App token）。

　　總而言之，我們可以這樣描述「DeFi 系統生態」：它是建構在區塊鏈底層技術上的項目（project）系統（a protocol on the blockchain），依據不同項目的目的與條件(例如:常見的借貸項目，以及利息與擔保條件），將單一或數個智能合約的組合布建在鏈上，以供虛擬貨幣(通常是穩定幣，但當然不以之為限)的持有者透過該智能合約完成去中心化的「資金」（虛擬貨幣/加密資產)融通（互通有無）。通常，項目本身會發行 DeFi 幣（DeFi Token 可以視之類似 App token）

用以當作使用 DeFi 系統融通「資金」的對價或「憑證」，同時，也保留（分配)DeFi Token 給自己、共同投入開發者、節點參與者（甚至也提供給系統使用者當作獎勵使用，例如所謂流動性挖礦）。當然，一旦該 DeFi 系統受到歡迎時，將帶動 DeFi Token 的供需關係，也使 DeFi Token 因此產生現實的價值。所以，本書先前所提到的關於「虛擬貨幣的法律屬性」（類型）之於 DeFi Token 仍有適用餘地，因此，DeFi Token 就算不被認為是種支付型代幣（payment tokens），但其究竟是單純的工具型代幣（utility tokens）或是證券型代幣（security tokens），則須視 DeFi 項目白皮書之規畫而定。因此，對於或有認為 DeFi Token 都是監理上不存在合規性風險或幾乎無合規性風險的工具型代幣（utility tokens）之說法，寧以保守待之為宜。尤其是在項目方可能靠著 DeFi Token 的發行、「增值」而獲有報償之狀況下，更難保 Howey test 無適用餘地。[1]

從以上的介紹，應該可以有些基本的概念了。除了項目方可能靠著 DeFi Token 的發行獲有報償外，這種看起來是虛擬貨幣持有者互通有無的金融，之所以會被重視（或者說，隨著它的應該要受到重視），就是因為虛擬貨幣與現實世界的貨幣，不是完全沒有連接的，虛擬貨幣的金融會跟建構在現實世界貨幣的金融相當（相通），而現實世界裡的中心化金融可能因為與 DeFi 系統的連結而受衝擊（特別是間接金融）。

這樣的衝擊，尤其是當 DeFi 系統的設計是以穩定幣作為融通標的時，更是如此。簡單來說，一般認為貨幣必須具有三（或四）大功能：價值標準、交易媒介、價值儲藏（即延期支付）始足當之，但嚴格來說，這並不是「定義」，而是描述。重點是要能做為交易系統裡所有參與者都接受的交易媒介（無法作為價值標準，或不具有價值存儲的功能、延期支付功所表彰的「穩定的」交換能力就不會被接受作為交易媒介）。這點，則因為穩定幣的出現，讓虛擬貨幣的

---

[1] 例如，DeFi Money Market Foundation(DMM)的 DeFi protocol 就是因為在 2020 年 6 月上價發行它的 $DMG，聲稱"Funds raised will be used to grow the #DMM ecosystem and bring even more revenue generating real world assets on-chain and into #DeFi"，而在 2020 年底(Dec. 15, 2020)遭美國 SEC 關注，調查至今本文撰寫為止(2021.02)雖尚未有結果，但 DeFi Money Market Foundation 已經停擺而啟動對於 DMG 的持有者的補償規劃中。

「貨幣性」獲得相對的肯定。所以，當 DeFi 系統的設計是以穩定幣作為融通標的時，因為穩定幣持有者「兌換」成 法定貨幣（fiat money，強制貨幣或命令貨幣，不可兌換金或銀的紙幣）[2]的可能性增加，或是財貨交易相對人同意以之作為交易媒介的接受度提高，穩定幣的融通與現實世界裡貨幣(或以貨幣為計算的金融商品)的融通，必然產生連結甚至同質化的經濟意義；甚至，就算 DeFi 系統的設計是以一般虛擬貨幣幣作為融通標的，則因為虛擬貨幣仍然可能被以類似與貝殼、珍珠等相當的商品貨幣（commodity money）看待，所以它在現實世界裡還是存在交換價值，還是可能成為現實世界的支付工具（或者，甚至不能否認虛擬貨幣已經是現實世界的一環），只是因為不具有「穩定的」交換能力而難以價值儲藏（即延期支付），而影響其「普遍接受度」而已。

## 8.2 DeFi 系統的實例：Compound Protocol

如上所述， DeFi 系統生態是建構在區塊鏈底層技術上的項目（project）系統，核心是布建在鏈上的智能合約。所以，即便目前主流項目都是布建於以太坊公鏈（protocol on the Ethereum blockchain），但事實上，只要是能夠布建智能合約的區塊鏈底層，都可能是發展 DeFi 的基礎。智能合約以及透過智能合約預載運算達到的擔保機制、去中心化交易所，還有穩定幣的使用以及 DeFi Token 的發行，是 DeFi 系統生態的核心構成要素（構面、構件），而且，邏輯上，只要不同的 DeFi 智能合約可以相互「合作」，就可以實現不同金融模塊的整合，甚至「周邊服務」的整合（例如：去中心化徵信） ，並進而實現更複雜的功能

---

[2] 政府發行的紙幣與硬幣則合稱「通貨」（currency）或 「現金」（cash），也就是通貨的概念範圍大於「法定貨幣」(不可兌換的紙幣)；又，所謂法償貨幣(Legal Tender Money)指的是「法定(國家賦予的)支付能力」的意思，與是「法定貨幣」是不同層次下的概念。「法定貨幣」(不可兌換紙幣)通常具有「無限法償」地位，是因為由國家賦予它支付能力，也就是持有人用來支付時，對方不能拒絕接受的意思(我國中央銀行法第 13 條規定「中華民國貨幣，由本行發行之。本行發行之貨幣為國幣，對於中華民國境內之一切支付，具有法償效力。」)；有些國家制度下，硬幣只具有「有限法償」地位，超過支付上限的部分，對方可以拒絕受領。

（這時候，不同 DeFi 系統下智能合約所產出的 DeFi Token 可能可以被另一個 DeFi 系統的智能合約使用）。

為了便於理解，我們可以用 Compound 項目的白皮書（Compound：The Money Market Protocol）[3]來介紹這個 DeFi 系統怎麼運行。

## 8.2.1 從資金的時間價值談起

我們都知道，就借貸關係而言，放貸方向借款方提供資金後，借款方還款（清償）時，除了原來的資金金額外，通常會包括約定的利息。利息的多寡，除了與借貸金額多寡有關外，也與借貸期間的長短有關。就後者來看，涉及的是時間價值的問題，對借款方而言，是把未來（「借貸期間」屆滿時）的資金拿來現在用；對放貸方而言，則是要等到未來(「借貸期間」屆滿時)，才能使用原本是現在就能使用的資金。所以，「公平」的借貸關係中，借款方「填補」放貸方在「借貸期間」內無法使用資金的「損失」乃是理所當然，這種「損失」，其實就是未來（「借貸期間」屆滿時）的資金折現的概念，此時，利率其實也是折現率。

但問題是，折現的概念涉及的因素甚廣，資金供需雙方之認知甚至市場的競爭更是複雜，尤其加上間接金融的角色，借款方和放貸方要如何「合意」，本身就不簡單。

## 8.2.2 Compound protocol 的概述

### 8.2.2.1 去中心化但不是點對點的借貸帳本

Compound 是以太坊上區塊鏈上的協定（a protocol on the Ethereum blockchain），創建者 Robert Leshner 和 Geoffrey Hayes 把它的協定程式碼（protocol codebase）託管在 Github 上[4]由社群來維護，試圖提出一種去中心化

---

[3] *See* https://compound.finance/documents/ Compound.Whitepaper.pdf

[4] *See* https://github.com/compound-finance/compound-protocol

協定（decentralized protocol），在以太坊資產（Ethereum assets)的供需（借款方和放貸方）基礎上，利用演算法做到利率的確定，以解決上述時間價值認知歧異的問題，使以太坊資產持有者可以在 Compound protocol 下輕易交換以太坊資產的時間價值（frictionlessly exchange the time value of Ethereum assets.）。簡單說，Compound 是一個透過智能合約決定利率的借貸系統。在 Compound protocol 當中，每個不同的以太坊資產市場，都是一個由智能合約運行的分散式帳本，它是依據 ERC-20 token 標準來架構購的。因此，以太坊帳戶可以對市場（資金池）提供或借出以太方資產。

　　Compound 系統強調的是，透過 Compound protocol 下的借貸不是像 Bitfinex 或 Poloniex 這類集中式交易所所兼營的借貸市場，畢竟，集中式交易所的借貸活動是基於對於交易所的信任，且通常限於主流虛擬貨幣的流動，而其功能也不完全。同時，Compound protocol 也觀察到，點對點協議雖然都能使借款方和放貸方都能直接參加抵押和非抵押貸款，但所有點對點協議都還是有成本問題及順暢性問題需要解決，例如放貸方還是要自己公告、管理（審查）、監督貸款，等於是把中心化系統扮演的角色負擔由放貸方自己承擔，而借款方如果要籌得足夠資金的，只透過逐次點對點的方式進行借支，則顯然也存有耗時的問題。

## 8.2.2.2 資金池

　　Compound protocol 旨在建立以太坊資產（Ethereum assets）的「市場」（money market)，這個市場是由（加密）資產的供需關係構成，而經由演算法產出利率。每個不同的以太坊資產市場，都是一個由智能合約運行的帳本（a Compound money market is a ledger／Each money market is structured as a smart contract that implements the ERC-20 token specification.），Robert Leshner 和 Geoffrey Hayes 把這個市場稱作為資金池。每一個不同的資金池則唯一對應於不同的以太坊資產（Ethereum asset），例如:以太坊的原生幣 ETH，或以以太坊請求註釋 20（Ethereum Request for Comment 20，ERC-20）標準創建的穩定幣（例如 DAI）或其他 ERC-20 Token，並且有著透明而可供公眾檢視的歷史交易

與利率記錄的帳本。

### 8.2.2.3 cToken 與利率

　　如前所述，Compound protocol 的「市場」（money market）是由資金（以太坊資產，Ethereum asset）的供需關係構成的。就資金供給面而言，Compound protocol 的作法是把所有放貸方的資金都集結（aggregates）起來做為市場的供給，被集結起來的各個放貸方的資金則是彼此可以替代的，而且可以隨時取回。當資金供給者把資金交給 Compound 時，原本的資金就會改以一種稱作 "cToken" 的 ERC-20 token 來做餘額（balance）的表示（例如：提供 Ether 做為供給者，則系統產出 cEther 以表示餘額）。Compound protocol 則另外再依據借款需求函數計算出以 "cToken" 表示的利息。或者，可以這樣說，放貸方把原本的以太坊資產「換成」Compound protocol 所產出的 "cToken"，並另外取得 "cToken" 以作為利息收益。"cToken" 則是前文所介紹的所謂 DeFi Token 的一種。再，就資金需求面而言，借款人要藉由 Compound protocol 借用（取）其所需的（desired）特定以太坊資產（如 Ether、DAI 等），則只要以 "cToken" 作為質押（collateral），即得隨時取得資金，而借款人所需要負擔的成本則是 Compound protocol 依市場力(market forces）決定的浮動利率。至於這裡的利率是如何決定的？不是借貸雙方協商的，而是 Compound protocol 設定的模型。白皮書考量，不同以太坊資產的利率（interest rates，the "price" of money）都與各該以太坊資產供需變化有關，需求減少利率降低，反之，利率升高。所以，白皮書先說明利用率、借款利率的概念，並進而將「資金供給方可以賺取的利率」設定為（等於）「借款利率 * 利用率」。當中的利用率，是指各以太坊資產市場（資金池）內的資金(a)被借出的情形，借出越多則利用率(u)越高($U(a) = Borrows(a) / (Cash(a) + Borrows (a))$)，而借款利率（借款方應支付的對價）則舉例設定如下: $Borrowing\ Interest\ Rate(a) = 2.5\% + U(a) * 20\%$。

### 8.2.2.4 風險控制預清算

　　對於借貸而言，利率的決定固然重要，但更重要的，當然是要如何確保「有借有還」。那，Compound protocol 對於借款人的額度評估、清償能力確保又是

怎麼進行的？

　　Compound protocol 持有（來自放貸方的供給）的不同以太坊資產（白皮書稱之為 underlying asset）各自組（形）成一個市場（資金池），而且都設有一個從 0 到 1 不等的質押係數（質押率，Collateral Factor）。質押係數的大小則與該特定的以太坊資產的流動性與價值有關，流動性越大、越是屬於大盤資產（high-cap assets）者，質押係數越大。由於借款人是用 "cToken" 作為質押（collateral）取得其所需的資金（desired assets），也就是特定的以太坊資產，所以 "cToken" 乘以質押係數就可以得出借款方最高可以借到多少屬於該資金池的以太坊資產，這就是借款能力（borrowing capacity）。Compound protocol 透過借款能力的評定，來減少遭到借款人違約的風險。除此之外，只要借款方帳上未經償還的特定以太坊資產之價值，高過於借款能力時，協定裏的清算機制會因之啟動，此時帳上未經償還的特定以太坊資產之價值，在減去所謂清算折扣（liquidation discount）後，會置換成質押品 "cToken"，而達到部份清償之效果，以減少借款方缺口風險、減少 Compound protocol 的風險，直到合於借款方借款能力之時。至於 Compound protocol 是如何知道上述「帳上未經償還的特定以太坊資產」的價值，則是透過可以匯總前十大交易所中特定以太坊資產價格的價格預言（Price Oracle）機制，也借此為互匯率。

　　綜以言之，相對於點對點的協議（peer-to-peer protocols），參與這個「市場」的放貸方和借款方所需面對的，只是協定本身，雙方都不需要與同行（競爭者）或彼此直接就借款期限、利率或抵押品等條件進行協商與合意。Compound protocol 下的借貸模式，沒有期限問題，放貸方可以隨時取回、解款方可以隨時清償；Compound protocol 下的借貸模式，是由借貸雙方透過協定所產出的浮動利率收取及支付利息，讓資金融通省去供需間的條件磋商，也變得即時。此外，Compound protocol 以其預設的系數來評定借款能力，同時透過即時清算機制承擔並調節違約風險。

## 8.2.2.5 市場調節

　　在金融市場中，遇到欠缺流動性問題時，實務上或制度上或容許透過造市

者制度來活絡流動性。Compound protocol 本身並無法確保流動性，但它的利率模型卻可以激勵流動性。

例如，當市場(借款方)對某特定的以太方資產需求大增時，「資金池」裏的資金根本不足以供給，流動性將產生問題。此時，因為 Compound protocol 的利率模型會讓「資金供給方可以賺取的利率」（設定為等於「借款利率 * 利用率」）上升，那就會吸引更多資金供給方將該特定的以太方資產投入資金池；同時，由於利用率高，也會使借款利率升高（參照白皮書設算之例子: Borrowing Interest Rate(a) = 2.5% + U(a) * 20%），則資金需求方（借款方）眼見利率越來越高需求也會降低。反之（某特定的以太方資產需求大減時），亦然。所以，Compound protocol 的利率模型激勵了流動性。

## 8.2.3 關於 Compound protocol 的幾個合規性思考

這裡所說的合規性思考，是以我國現行法令的規範立場來觀察。先前，本書已經就虛擬資產的定性及監管議題做過分析，而 DeFi 系統本身基本上就是個以智能合約為基礎的生態，所以關於 DeFi Token 的設計與發行、交易等，自可參考本書之前之討論來理清不同 DeFi 系統所發的 Token 屬性，以求避免發生適法性風險。

這裡，特別需要關注的，或者說，當 DeFi 系統快速發展後可能需要面對的，則是傳統金融法規裏所重視的特許與管制議題。以 Compound protocol 為例，其實，只要稍有敏感度，應該馬上注意到上述關於「資金池」與「造市」的描述，似乎就有傳統所謂「吸金」、「操縱」之疑義。

「資金池」的作法，很容易讓人聯想到「吸金」這個字眼。Compound protocol 可以說是以分散式帳本的方式做間接金融:銀行的業務。但這樣的理解對嗎？

銀行法第 29 條第 1 項明定：「除法律另有規定者外，非銀行不得經營收受存款、受託經理信託資金、公眾財產或辦理國內外匯兌業務」；違反該項規定者，應依同法第 125 條第 1 項規定處罰。而所稱「收受存款」，依同法第 5 條之 1 規定，固係謂向不特定多數人收受款項或吸收資金，並約定返還本金或

給付相當或高於本金之行為。然同法第 29 條之 1 復明定：「以借款、收受投資、使加入為股東或其他名義，向多數人或不特定之人收受款項或吸收資金，而約定或給付與本金顯不相當之紅利、利息、股息或其他報酬者，以收受存款論」，考其立法意旨，係鑑於社會上多有利用借款、收受投資、使加入為股東等名義，大量吸收社會資金，以遂行其收受款項之實者，為有效遏止，以保障社會投資大眾之權益及有效維護經濟金融秩序，乃不論自然人或法人，其係以何名目，凡向多數人或不特定之人收受款項或吸收資金，而約定或給付與本金顯不相當之利息、紅利、股息或其他報酬（以下簡稱為報酬）者，均擬制為銀行法所稱之「收受存款」，依銀行法第 125 條第 1 項規定處罰。

所以，問題的關鍵在於 Compound protocol 本身把以太坊資產納入「資金池」而依其所涉定之利率模式給與「利息」的這件事中，所謂的「以太坊資產」算不算是銀行法所稱的款項或資金？如果是，"cToken"算不算是報酬？

目前為止，我國司法實務似僅有臺灣高等法院 107 年金上訴字第 83 號刑事判決表示較為明確之見解。如依該判決之見解，即便支付性最強，最貼近於現實世界貨幣的比特幣，都不至於被認定為屬於所謂款項或資金，則似乎可以認為虛擬貨幣「金融」終非銀行法所得介入管制者。

不過，畢竟這只是個案判決，而且其論證方式並非全然無於日後遭他案判決改變之餘地。蓋，臺灣高等法院 107 年金上訴字第 83 號刑事判決之主要論述乃以「所謂『收受存款』包含『收受款項』或『吸收資金』，其中『款項』係指通行貨幣（法定通行貨幣或外國貨幣，銀行法第 122 條參照），尚無疑義；而『資金』是指可供使用或運用之金錢，通常以貨幣方式表現，用來進行周轉，滿足創造社會物質財富需要的流通價值。觀諸銀行法第 10 條規定：本法稱信託『資金』，謂銀行以受託人地位，收受信託『款項』，依照信託契約約定之條件，為信託人指定之受益人之利益而經營之『資金』等語，可見銀行法所稱之『款項』或『資金』僅係觀察說明之角度有別，並非涇渭分明、截然不同之概念，『收受款項』或『吸收資金』通常僅係『收受』或『吸收』之被動、主動之地位不同而已。誠然，除收受存款外，銀行得吸收之『資金』非以通行貨幣

為限，但仍應以銀行法第 3 條第 1 至 21 款所列舉者，或同條第 22 款經中央主管機關核准辦理之有關業務為限。各類實體物或無形權利，縱使得經市場交易而呈現貨幣價值，而有『資金』外觀，但收受或吸收該實體物或無形權利，如非屬銀行依法得辦理之上揭業務，縱使『非銀行』為之，並未違反銀行專業經營原則，當非銀行法規範、甚至處罰之對象。」為論據。倘仔細觀察上述法院之立場，其實也肯定「除收受存款外，銀行得吸收之『資金』非以通行貨幣為限」之論點，此外，其言下之意，也承認比特幣得經市場交易而呈現貨幣價值，而有資金外觀（及該案件中檢察官所持立場，主張「銀行法第 29 條之 1 所稱之資金，並不僅限於貨幣，應及於具有市場經濟價值之實物、虛擬物，因該等具有市場經濟價值之實物、虛擬物均可兌換成等值之貨幣，可視為貨幣之變形，符合廣義之資金概念」）。只是其形成心證之整體考量是落在「如非屬銀行依法得辦理之上揭業務，縱使『非銀行』為之，並未違反銀行專業經營原則」而已。不過，過去在臺灣高等法院 高雄分院 103 年金上訴字第 7 號刑事判決中，法院亦曾表示「銀行法第 125 條之法定刑為： 3 年以上 10 年以下有期徒刑，得併科新臺幣 1 千萬元以上 2 億元以下之罰金，考其立法緣由及意旨之所以加重該條之法定刑，乃鑑於投資公司以高利吸引民眾收取社會大眾游資，往往造成社會大眾財產上之損害，並損害國家正常之經濟及資金活動，因而設此重罰…」，臺灣高等法院 104 年金上訴字第 42 號刑事判決、臺灣高等法院 105 年金上更(一)字第 3 號刑事判決等亦同此旨。所以，除了「國家正常之經濟及資金活動」應受保護外，「社會大眾財產上之損害」之妨免，並不必然排除在銀行法規範目的之外。因此，臺灣高等法院 107 年金上訴字第 83 號刑事判決所著眼之「銀行專業經營原則」僅是「國家正常之經濟及資金活動」之保護而已，日後，會否有其他法院見解認為亦須考量「社會大眾財產上之損害」？不無疑義。

其實，本書認為單單以「虛擬貨幣是不是資金或款項」的觀點來討論，而不細究所討論的虛擬貨幣的屬性，論點恐難以周全。以 Compound protocol 來說，他的「資金池」所納入的都是以太坊資產，如依白皮書之說明，以太坊資

產所泛指的是合乎 ERC-20 標準的加密資產，也就是說，不單單只有以太坊公鏈的原生幣 Ether，還有布建在公鏈上的 Dapp 所產出的應用幣，甚至是穩定幣，在 Compound protocol 下，都會各自存有各自的「市場」，也就是資金池。這些以太坊資產的本質不同，可能會是支付型、工具型、證券型虛擬貨幣，則能否一概不討論其屬性就一概認定其是或不是銀行法所稱之資金或款項？並非無疑。

　　最後，值得注意的是以智能合約「造市」的疑義。由於 Compound protocol 是借貸金融系統，或許不需要討論造市問題，但如果 DeFi 系統的發展涉及有價證券時，則智能合約的設計就要注意不能混淆造市和市場操縱的界線。當然，這部分的監理，與主管機關或司法機關解讀白皮書與智能合約碼的能力有關。

# 附錄：中英文名詞對照

以下中英文名詞對照按英文字母順序排列：

A

中央伺服器—客戶端模式（a centralized server—client model）

使用者與智能合約溝通的介面（Application Binary Interface，ABI）

應用幣（App token／Token on blockchain）

資產型代幣（asset tokens）

非對稱式金鑰加密系統（Asymmetric Encryption，Public Key Encryption）

認證（Authenticity）

B

比特幣（bitcoin）

比特幣網路（Bitcoin Network）

區塊（Block）

區塊鏈（Blockchain）

區塊體（Block Body）

區塊頭（Block Header）

C

中央銀行貨幣（central bank money）

密文（Ciphertext）

價值商品穩定幣（Commodity Stablecoin）

商業銀行貨幣（commercial bank money）

加密資產（crypto asset）

密碼穩定幣（Crypto Stablecoin）

密碼學原理（Cryptograph）

**D**

分散式應用程式（Dapps）

解密（Decipher）

去中心化（Decentralized）

去中心化應用程式（Decentralized Application，Dapps）

去中心化金融（Decentralized Finance，DeFi）

解密演算法（Decryption Algorithm）

數位指紋（Digital fingerprint）

分散式帳本（Distributed Ledger Technology，DLT）

時間戳記伺服器（distributed timestamp server）

重複花用（double-spending）

**E**

電子支付（electronic payments／digital payments）

電子支付模式中的支付系統（electronic payments system）

電子貨幣（E-money）

加密演算法（Encryption Algorithm）

以太幣（Ether）

以太坊（Ethereum）

以太虛擬機（Ethereum Virtual Machine，EVM）

**F**

法定貨幣穩定幣（Fiat Stablecoin）

瑞士金融市場監理局（Financial Market Supervisory Authority，FINMA）

金融監理沙盒（Financial Regulatory Sandbox）

**H**

雜湊演算法（Hashing algorithms）

I

代幣首次發行（Initial Coin Offering，ICO）

M

默克爾樹（Merkle Tree）

新加坡金融管理局（Monetary Authority of Singapore，MAS）

N

原生幣（Native token／Token of blockchain）

不可逆的支付（non-reversible payments）

不可退（逆）的（non-reversible services）

P

支付模式（payments）

支付網路系統（Payment Network）

支付型代幣（payment tokens）

對等式網路基礎（peer-to-peer basis）

點對點的協議（peer-to-peer protocols）

明文（Plaintext）

私有鏈（Private Blockchain）

可程式化（programmable）

工作量證明系統（Proof-of-Work system，PoW）

公有鏈（Public Blockchain）

公私鑰系統（Public-Key Instructure，PKI）

R

小額支付情境（retail payment／small-value payment）

近用系統的權限（right to access）

S

證券型代幣（security tokens）

主權穩定幣（Sovereign Stablecoin）

穩定幣（Stablecoin）

對稱式金鑰加密系統（Symmetric Encryption，Secret Key Encryption，conventional Encryption）

T

美國貨幣監理署（The Office of the Comptroller of the Currency，OCC）

權杖、令牌、通證（token）

足以信賴的第三方（trusted third party）

圖靈完整性（Turing-completeness）

U

工具型代幣（utility tokens）

V

虛擬通貨 （virtual currency）

W

大額交易（wholesale payment／large-value payment）

國家圖書館出版品預行編目(CIP) 資料

自比特幣技術的特徵論虛擬貨幣的法律特性及
其相關議題/陳丁章, 范建得, 黎昱萱著. -- 初
版. -- 臺北市 : 元華文創股份有限公司,
2021.04

面；　公分

ISBN 978-957-711-210-1 (平裝)

1.電子貨幣 2.電子商務

563.146　　　　　　　　　　　　110004142

自比特幣技術的特徵論虛擬貨幣的法律特性及其相關議題

陳丁章　范建得　黎昱萱　著

發 行 人：賴洋助
出 版 者：元華文創股份有限公司
聯絡地址：100 臺北市中正區重慶南路二段 51 號 5 樓
公司地址：新竹縣竹北市台元一街 8 號 5 樓之 7
電　　話：(02) 2351-1607　　傳　真：(02) 2351-1549
網　　址：www.eculture.com.tw
E - m a i l：service@eculture.com.tw
出版年月：2021 年 04 月　初版
定　　價：新臺幣 350 元

ISBN：978-957-711-210-1 (平裝)

總經銷：聯合發行股份有限公司
地 址：231 新北市新店區寶橋路 235 巷 6 弄 6 號 4F
電 話：(02)2917-8022　　　　傳　真：(02)2915-6275